TOM À NEW YORK

UNE VIE DE GAY EN KODACHROME, 1956 - 1965

Avec une préface de
SCOTT WALTERS

Images choisies et introduites par
ROBERT DECKER

Traduit de l'américain par
VALÉRIE LEROUX et
SYLVIE WALTERS

SAN FRANCISCO LAWNMEADOW LTD.

LAWNMEADOW LTD.
89 FORTUNA AVENUE
SAN FRANCISCO, CALIFORNIA 94115

WWW.LAWNMEADOW.COM

Titre original: *A New York Bachelor*

Dans le roman *Tous les noms*, de José Saramago, un employé de l'état civil collectionne, en guise de passe-temps secret, les données biographiques des plus grandes célébrités de son pays. Tombant un beau jour sur le dossier d'un citoyen quelconque, cette découverte attise en lui une insatiable curiosité. De prime abord, les photos du recueil *Tom à New York* peuvent procurer une impression similaire. Ces clichés anodins, pris sur le vif, d'un membre d'équipage d'une compagnie aérienne, nous interpellent par leur côté à la fois étranger et familier. Ils nous invitent à nous replonger dans notre propre passé en nous questionnant sur ces personnages et sur la vie qu'ils ont menée, mais aussi sur leur univers… un monde encore existant ou à jamais disparu.

Plus d'un demi-siècle s'est écoulé depuis les fêtes, les voyages et les rencontres immortalisés sur ces clichés. La compagnie Eastern Airlines a fermé il y a plusieurs décennies. C'est sur cette compagnie, qu'enfant, j'ai effectué mon baptême de l'air, à la même époque que la dernière photo du livre. L'échelle temporelle apparaît ici comme distendue. L'alternance des saisons, la présence d'un bâtiment en construction puis achevé, ou encore le changement de physionomie du personnel aérien, nous renvoie à l'érosion progressive du temps.

Certes, tout album photo personnel est de nature à procurer ce même sentiment de passé révolu. La fascination singulière que suscite *Tom à New York* tient néanmoins à un certain regard posé sur le milieu gay, demeuré, et pour la plupart, clandestin à cette époque. Le caractère intimiste de certains clichés semble suggérer, comme la face cachée d'un miroir, la personnalité plus privée de ce steward soumis à l'obligation d'offrir au public une apparence professionnelle décente, à une époque où le concept de « coming-out » peinait à exister.

José Saramago dit des vieilles photographies qu'elles sont « très trompeuses, car elles nous donnent l'illusion d'y être vivants ». Une maxime qui se révèle parfois indiscutable sur ces clichés d'une intimité enviable et insouciante, mêlant fêtes, vacances, dîners et voyages. Les scènes dépeintes nous donnent l'impression d'être conviés à partager l'intimité sociale des personnages. L'évocation du passé, ainsi que ses répercussions dans le présent, nous invitent à méditer sur les moyens de naviguer, dans notre propre existence, entre vie publique et privée.

SCOTT WALTERS
seraillon.blogspot.com

Du personnage évoqué dans le titre de cet ouvrage, nous savons plusieurs choses avec une absolue certitude. Il vivait à New York. Il était employé par la compagnie Eastern Airlines en tant qu'agent de bord en uniforme. Entre 1956 et 1965, il a voyagé au Mexique, dans les Caraïbes, en Angleterre, en France, au Danemark, en Allemagne, en Italie et en Grèce. Il était entouré d'un groupe d'amis avec lesquels il partageait des soirées en ville et des étés sur la plage. Il aimait prendre des photos. Plusieurs de ses clichés se sont retrouvés en Californie où je les acquis lors d'une vente de succession pour une dizaine de dollars.

Cependant, de nombreux éléments de la vie de ce « célibataire new-yorkais » relèvent de la conjecture. Il est probable, ainsi que plusieurs de ses amis, qu'il soit gay. Pendant une période dont ces clichés témoignent, il semble avoir eu une relation avec un homme à la peau foncée et aux cheveux bouclés. Plusieurs autres hommes séduisants, avec lesquels il a peut-être ou non été intime, apparaissent et disparaissent au fil des ans. Un couple de lesbiennes a compté parmi ses amis proches. Une femme en tailleur vert, qui pourrait être sa sœur, lui rend visite. Sur Eastern, ses trajets les plus fréquents sont apparemment entre New York et San Juan. Sur l'une des photos, le protagoniste de ce livre pose devant une cheminée où est suspendue une chaussette de Noël sur lequel le prénom « Tom » est inscrit.

Si j'avais subodoré la somme de plaisir et de travail qu'allait me procurer l'étude de ces photos, j'aurais sans doute accordé plus d'attention à la personne qui me les a cédées, voilà maintenant plus de dix ans. Je me rappelle seulement cet homme qui m'avait dit quelque chose comme : « Je pense que le moment est venu de m'en séparer ». Quelques instants plus tard, je me dirigeais vers ma voiture, chargé de quinze ou vingt bacs de diapositives de marque Yankee. Aujourd'hui, je me pose ces questions... Était-ce « Tom » lui-même qui se tenait à mes côtés dans cet austère salon, jetant un dernier regard à ses diapositives avant de les confier à un étranger ? Était-ce son ami, l'une des personnes représentées sur ces images ? Qu'est devenu « Tom » ? Est-ce « Tom » lui-même qui se trouve en Californie ou seulement ses diapositives ? Y habite-t-il encore ? Que sont devenus les gens qui apparaissent sur ces clichés ? Au fil du temps, ces vingt bacs de diapositives sont devenus pour moi une sorte d'obsession. « Tom » est peu à peu devenu un incontournable de mon propre imaginaire, à l'instar d'un personnage de série TV ou d'un vieil ami de la famille que mes parents auraient évoqué de temps à autre, mais que je n'aurais jamais rencontré.

J'ai, pendant un temps, publié sur Flickr une photo de « Tom » dans son uniforme Eastern Airlines, accompagnée d'un avis de recherche invitant toute personne qui le reconnaîtrait à me contacter. Je ne reçus aucune information permettant de l'identifier. Cependant, ceci ne m'empêche pas d'émettre d'autres hypothèses. En effet, l'un des bacs est étiqueté « PTYS AT 117 ». En associant une vue sur le toit de Park Avenue enneigée en 1960 avec les résultats des moteurs de recherche, je suis prêt à en déduire que « Tom » résidait au 117 de la 77ème rue Est. Aujourd'hui, le bâtiment ressemble exactement au type d'immeuble dans lequel un pilote, un navigateur ou un steward d'Eastern Airlines aurait pu posséder un appartement une pièce dans les années 1960.

Une recherche plus approfondie pourrait révéler davantage de détails. Connaître l'identité exacte des individus représentés sur ces images, n'est au demeurant pas indispensable pour se sentir intrigué par leur mode de vie, ni ressentir ce à quoi pouvait ressembler la vie à Manhattan d'un trentenaire, vraisemblablement homo et raisonnablement aisé, au cours de la seconde administration d'Eisenhower et des années Kennedy. Un des commentaires de la photo postée sur Flickr soulignait que le protagoniste paraissait « sorti tout droit de *Mad Men* ». Le caractère fascinant de ces photos réside en partie dans leur représentation d'un milieu pré-Stonewall rendu tout à fait moderne par son absence d'insularité. Rien à voir avec le New-York de *Petit déjeuner chez Tiffany* ou d'*Un autre pays* avec leurs personnages tourmentés de Greenwich Village. Ici, on est plutôt dans l'innocence ordinaire, davantage dans *Un dimanche à New York* que dans *Les Garçons de la bande*. Qu'est-ce qui justifie la peine d'en conserver des clichés ? Parce qu'un beau jour, quelqu'un se risquera à douter que de tels individus aient jamais existé. Parce que, comme le dit l'un des personnages de Javier Marías, le présent a souvent tendance à « infantiliser le passé ». C'est donc avec un profond respect que je dédie ce livre à « Tom », à son compagnon et à leur cercle d'amis.

ROBERT DECKER

LE TRAVAIL

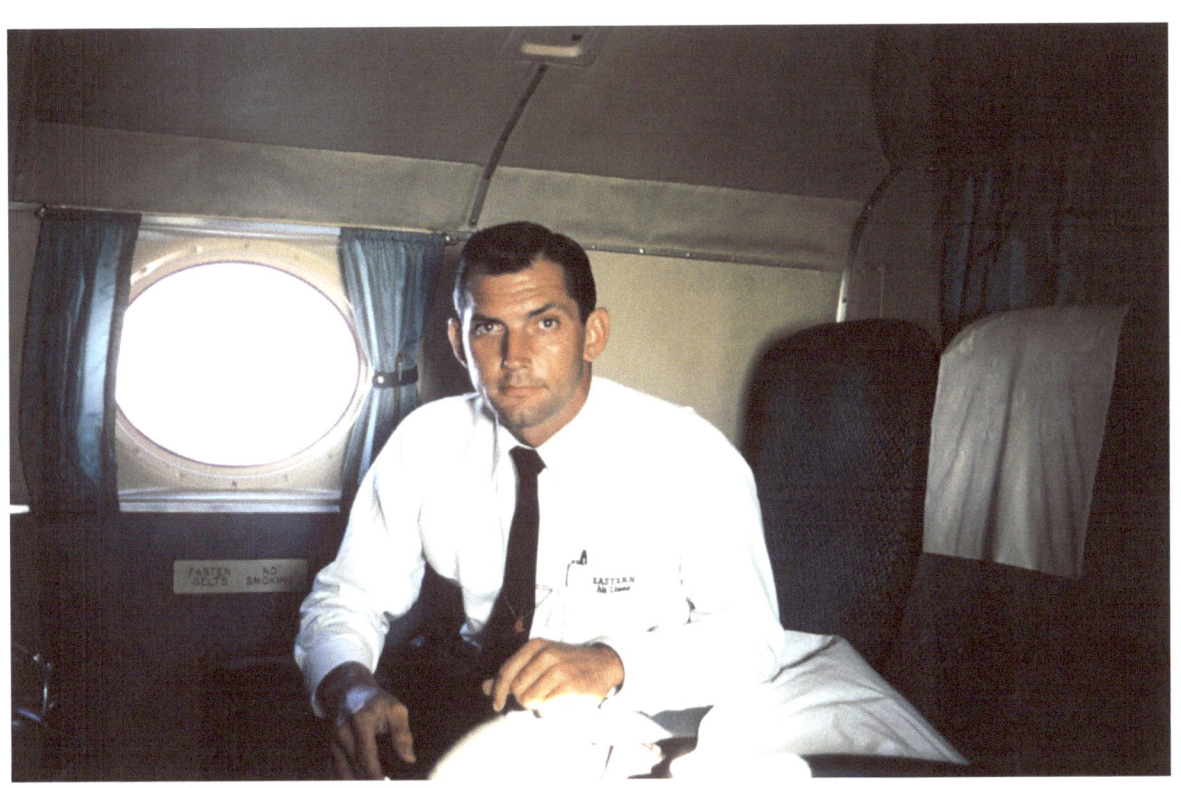

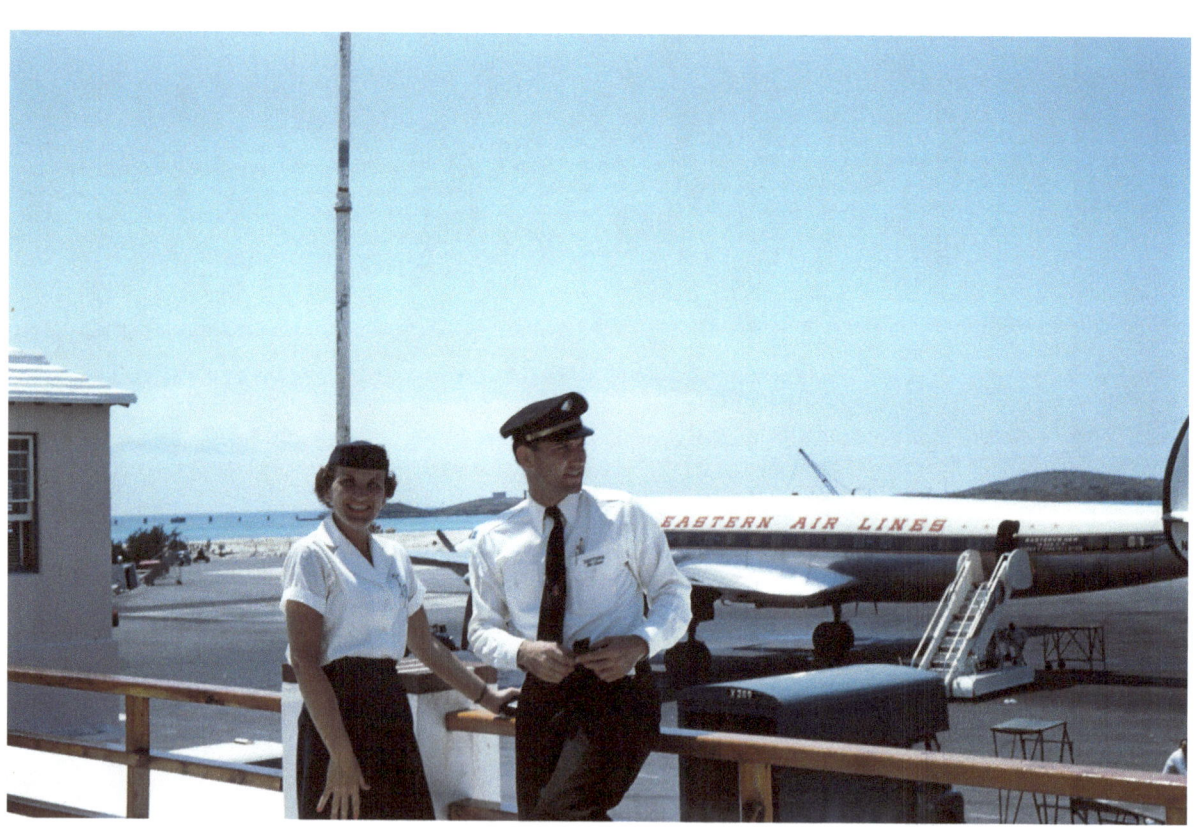

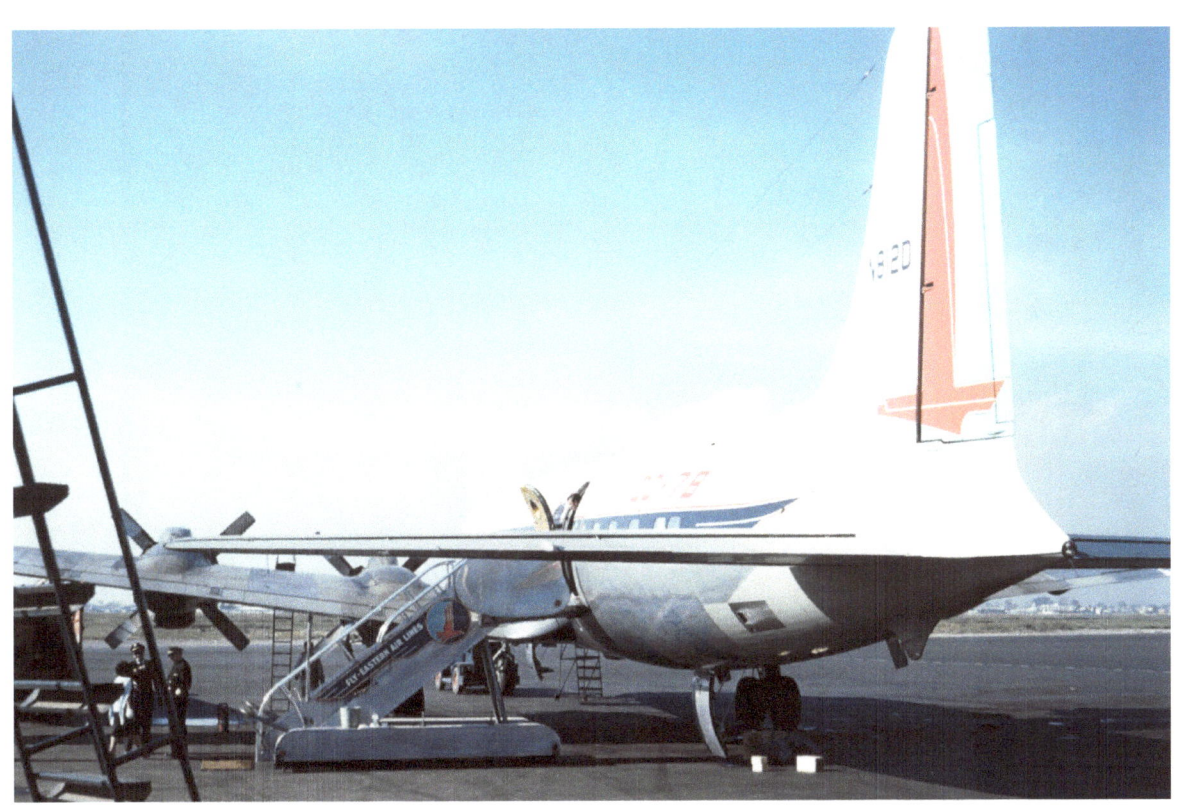

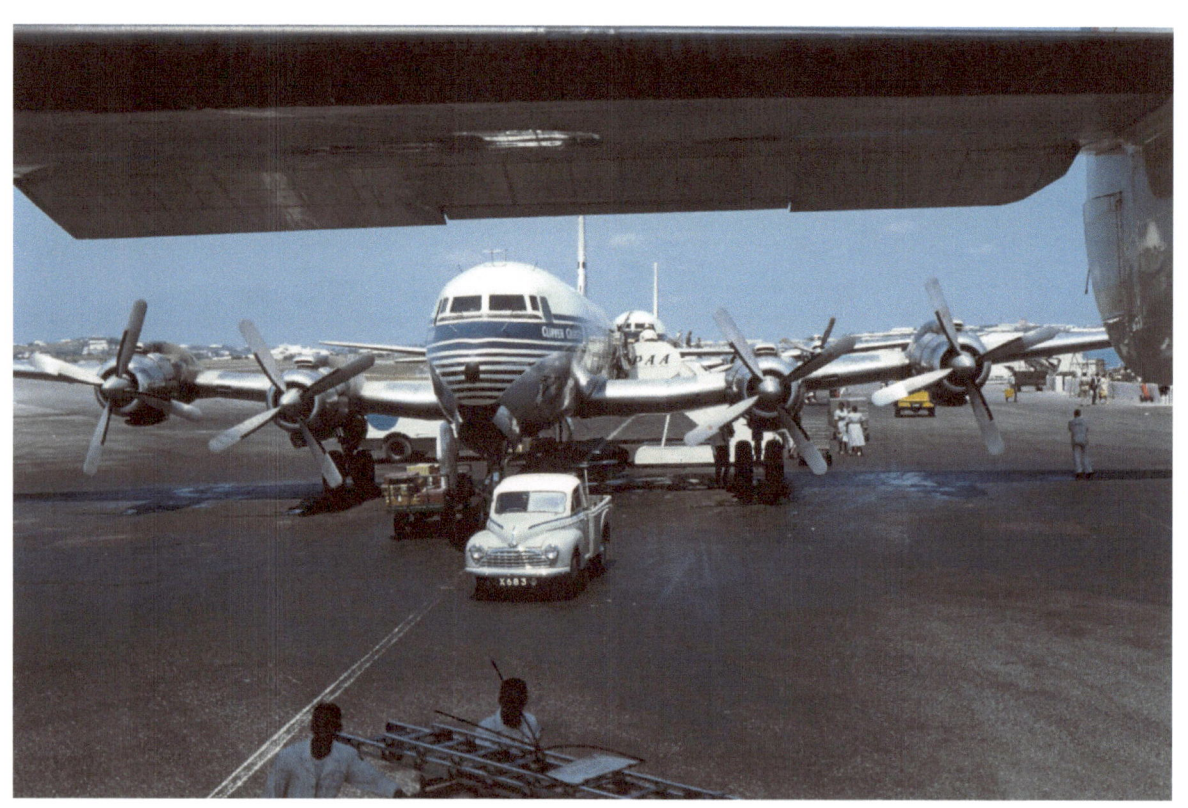

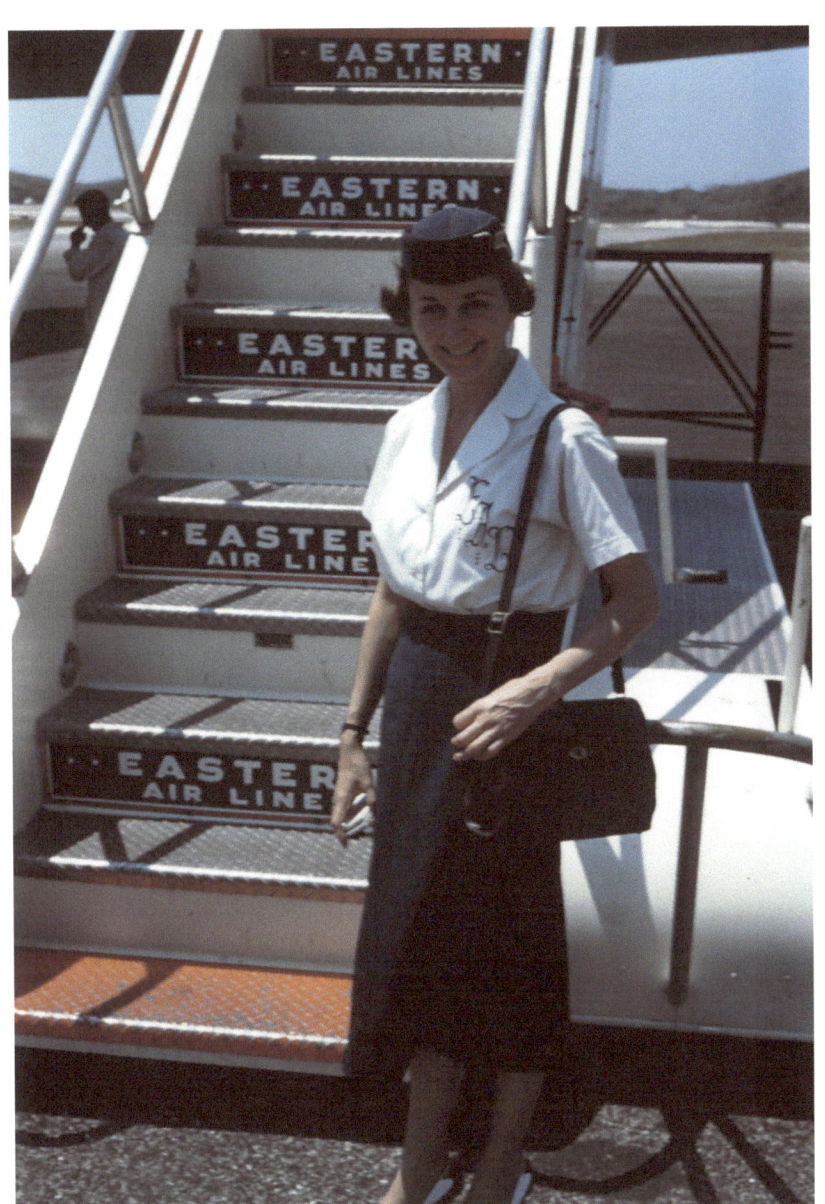

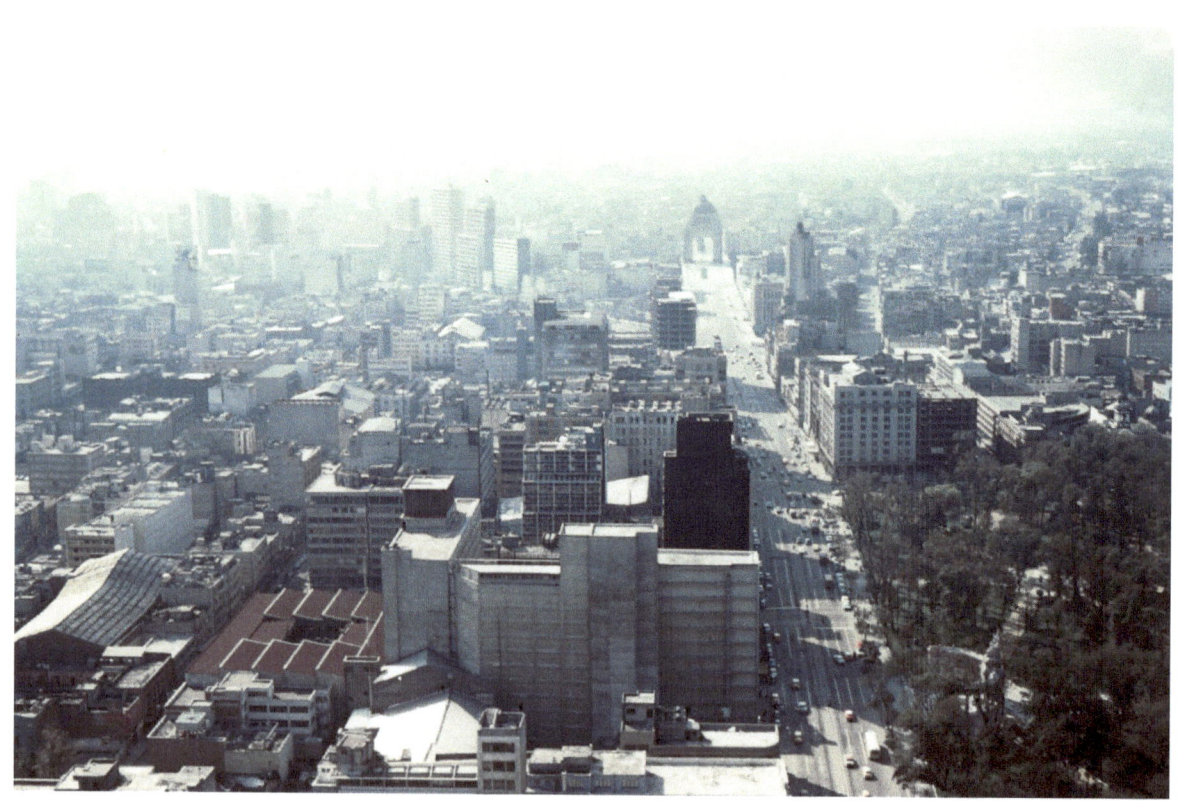

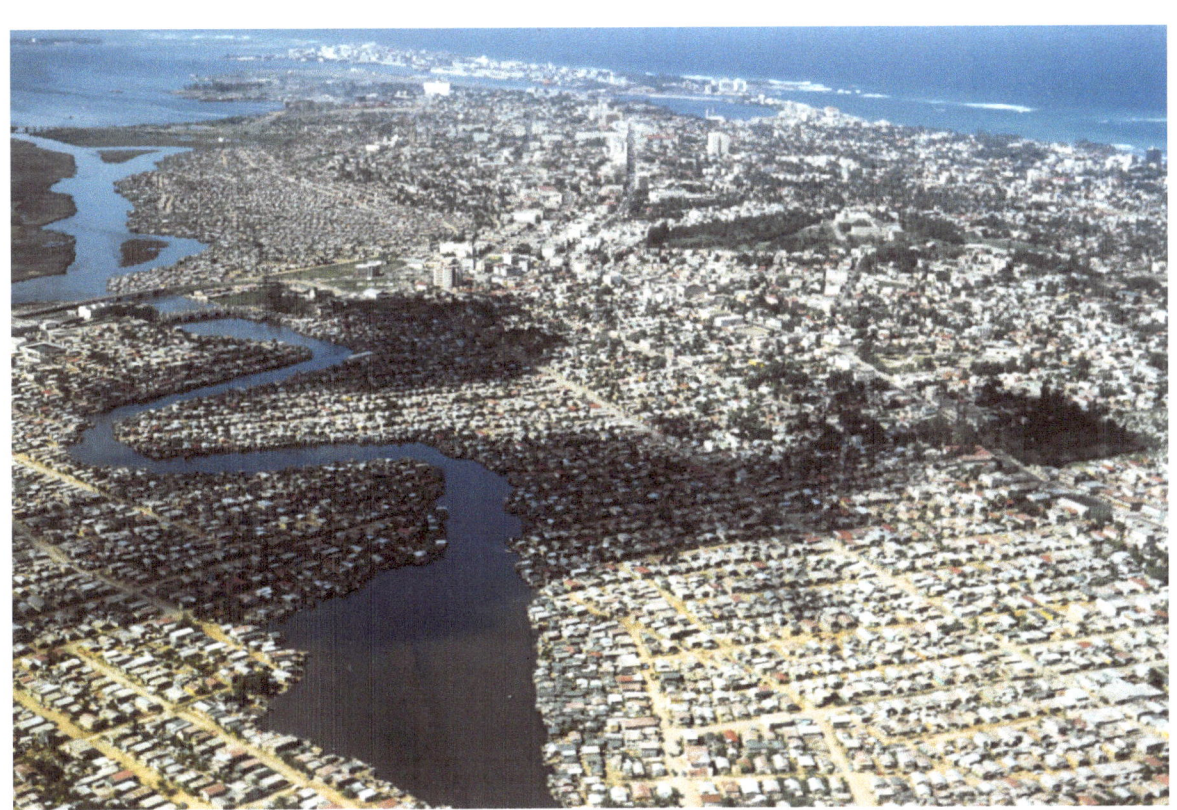

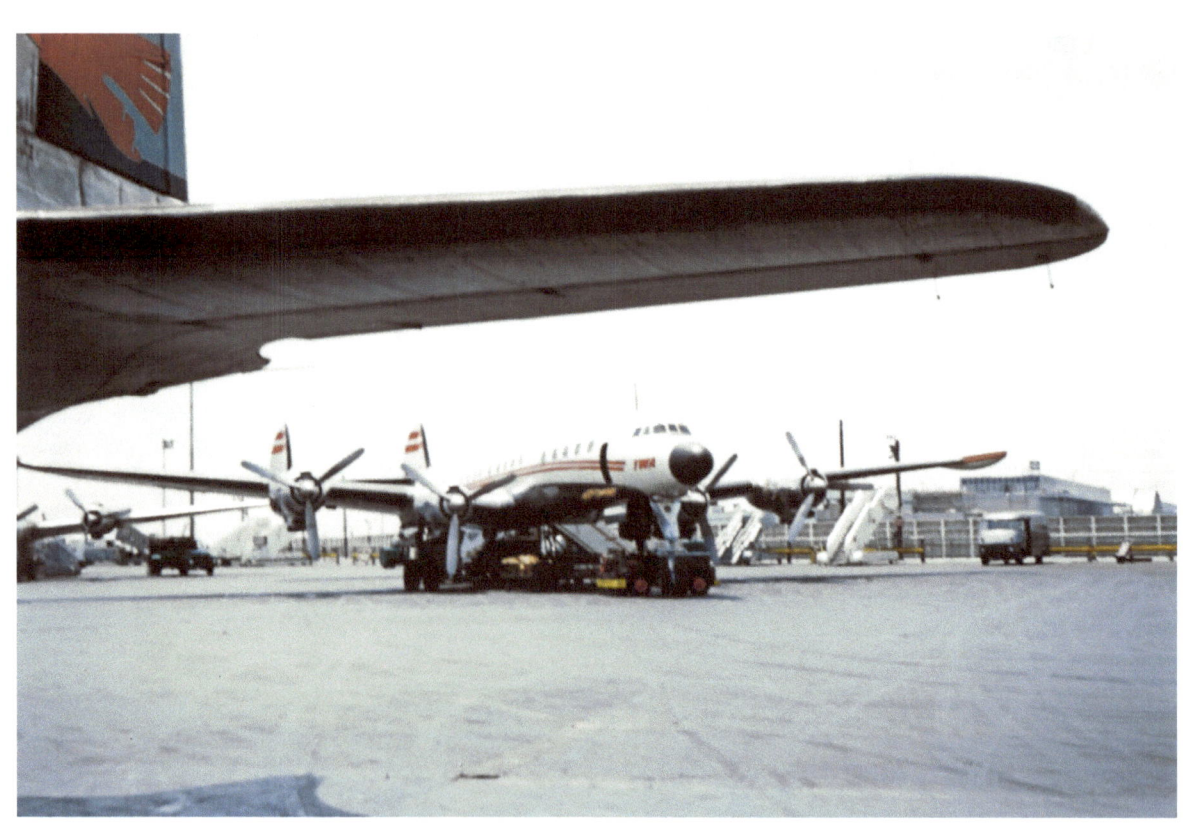

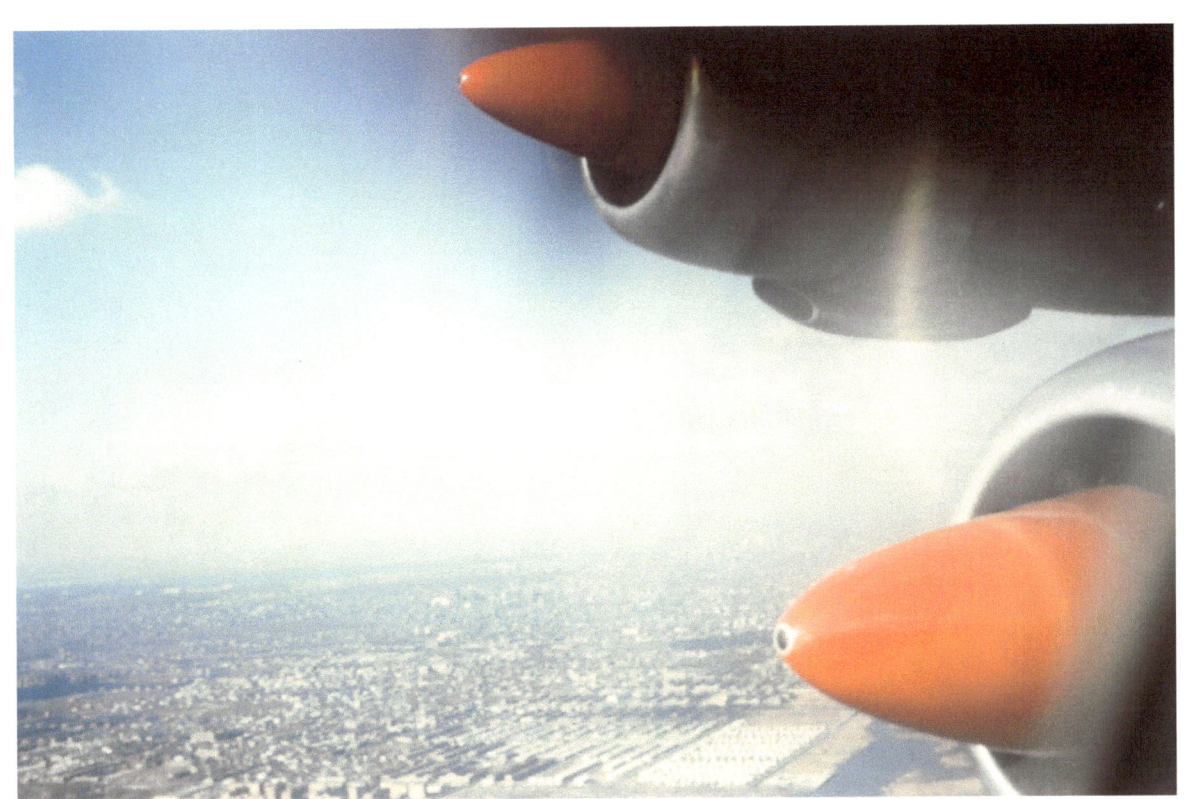

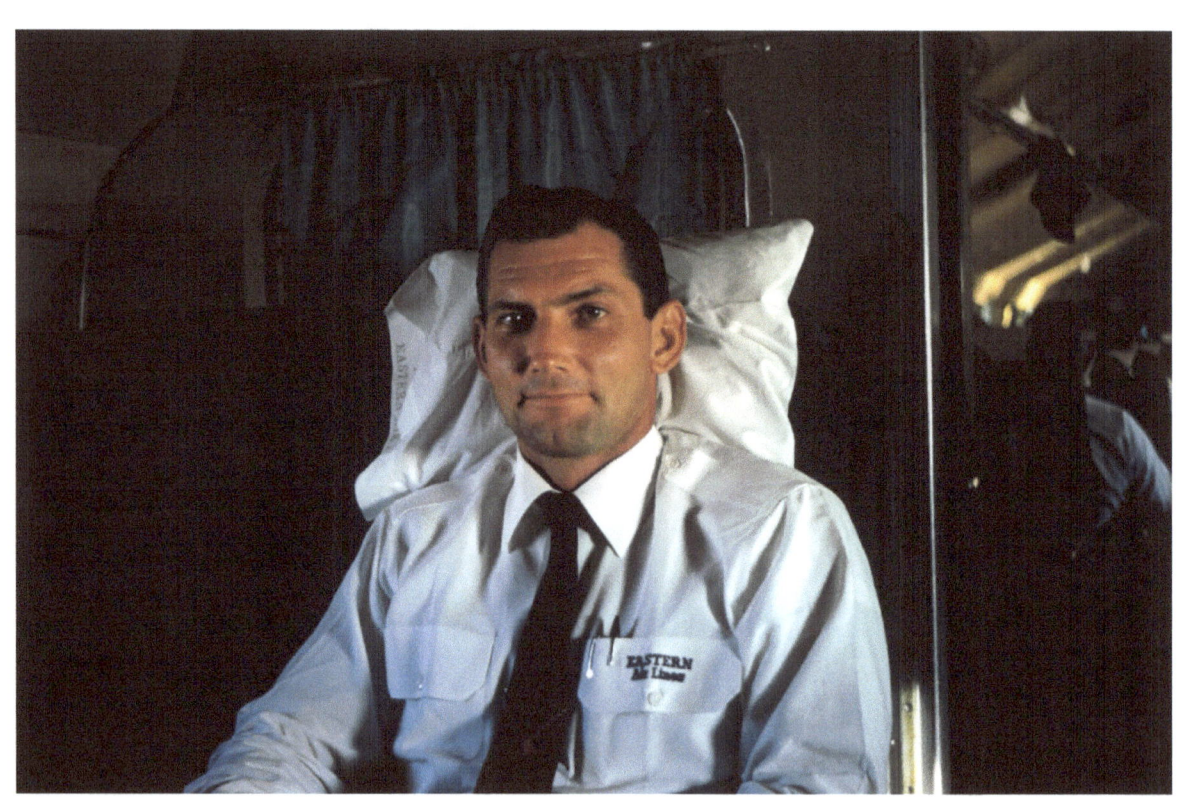

LES FÊTES

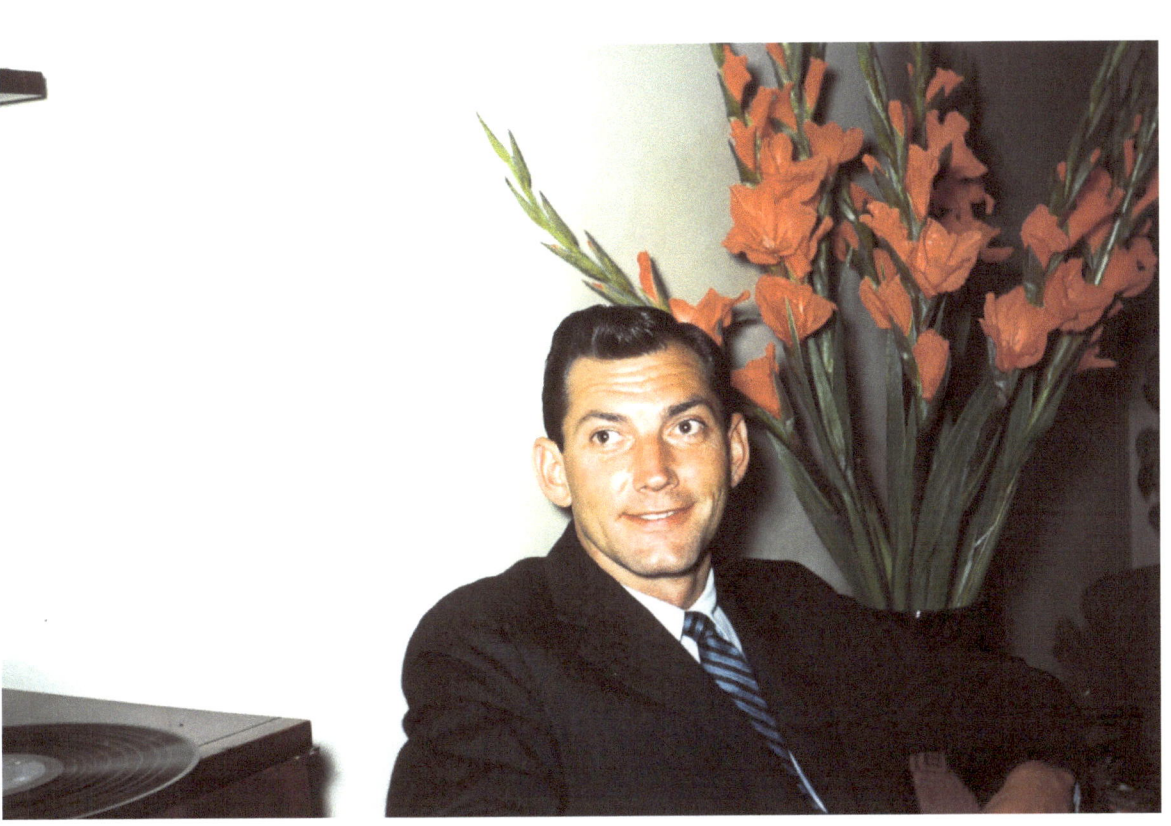

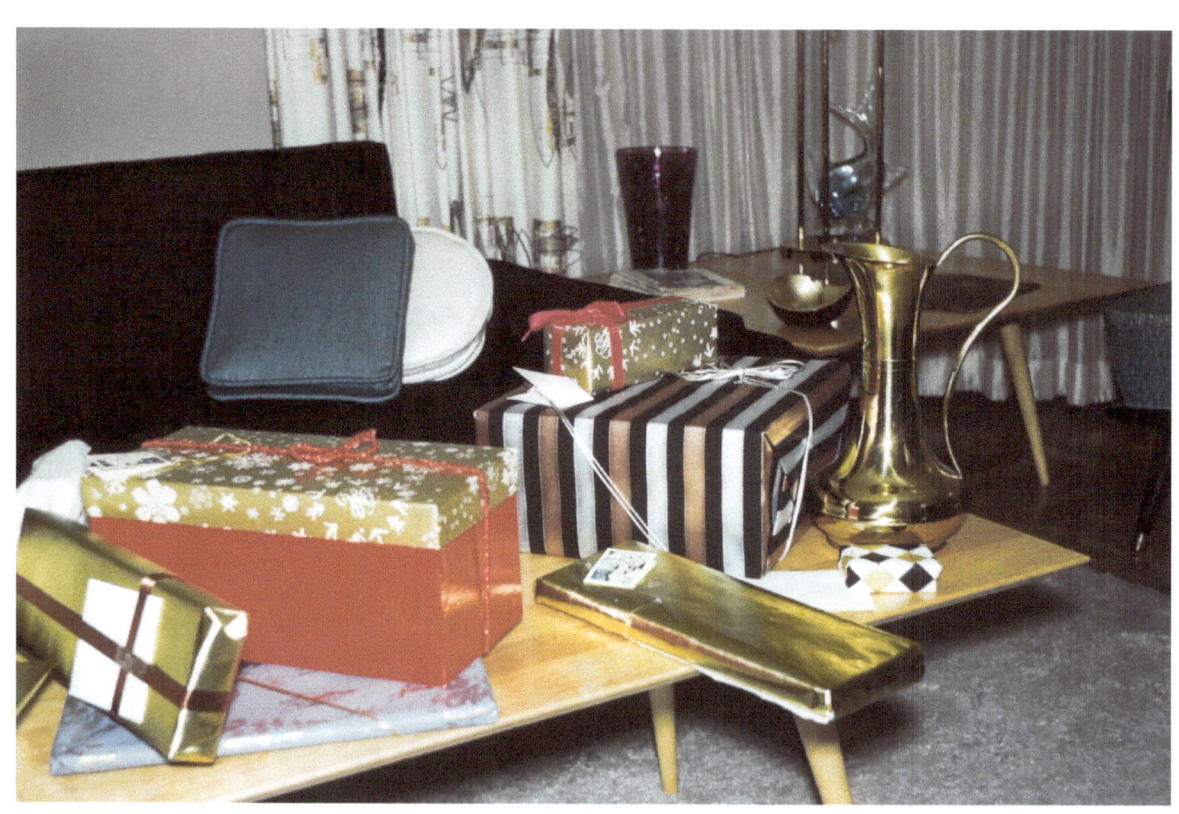

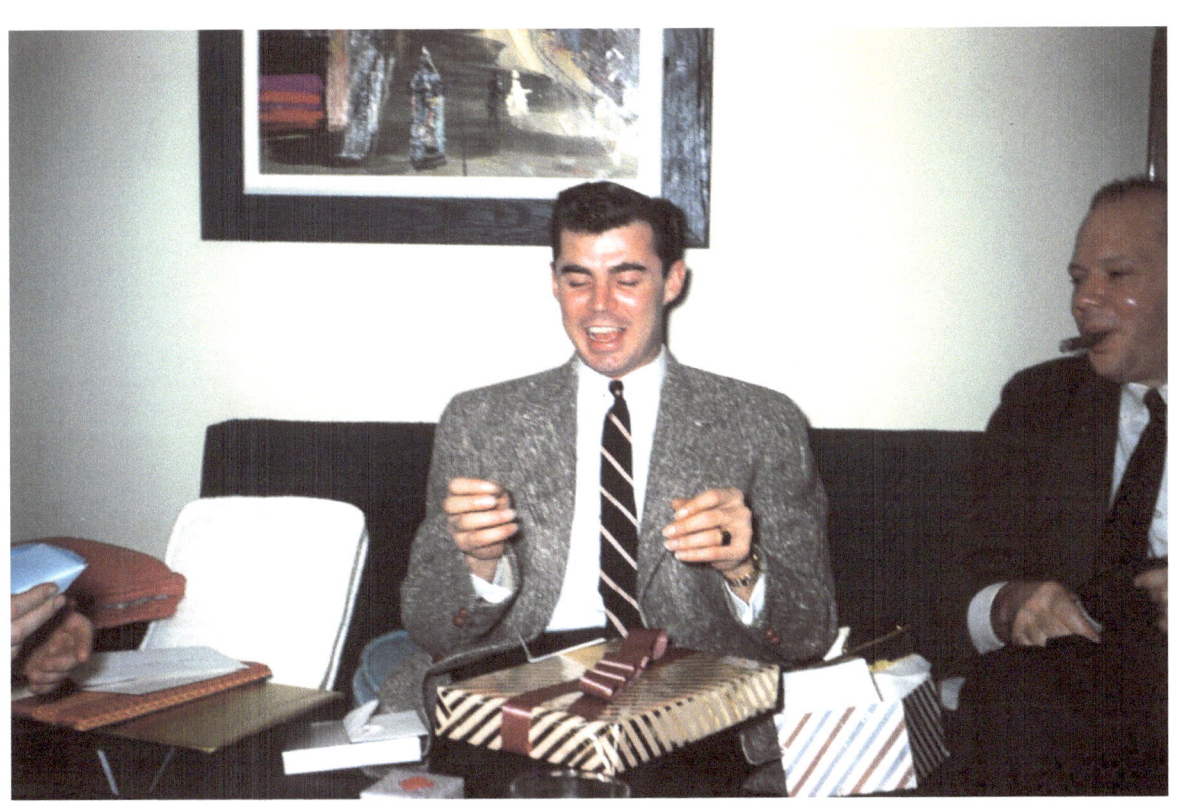

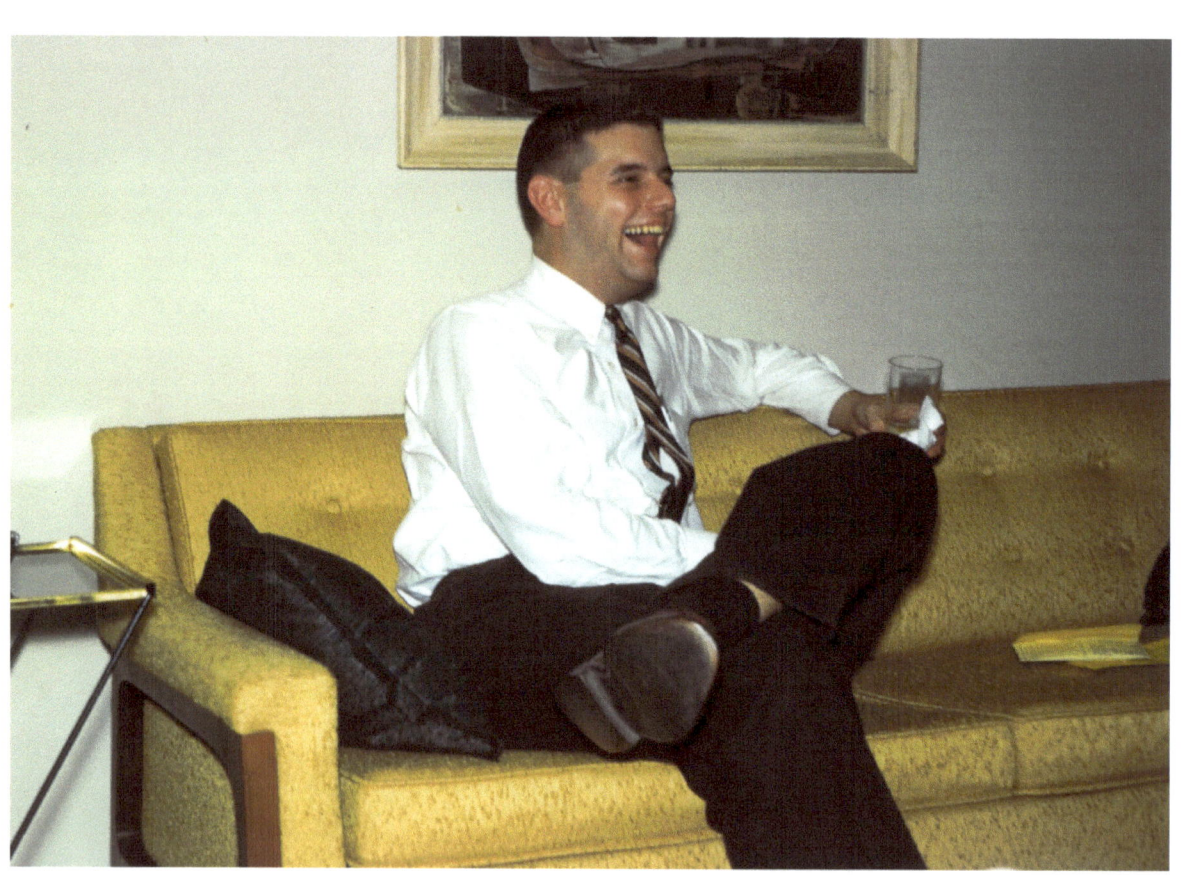

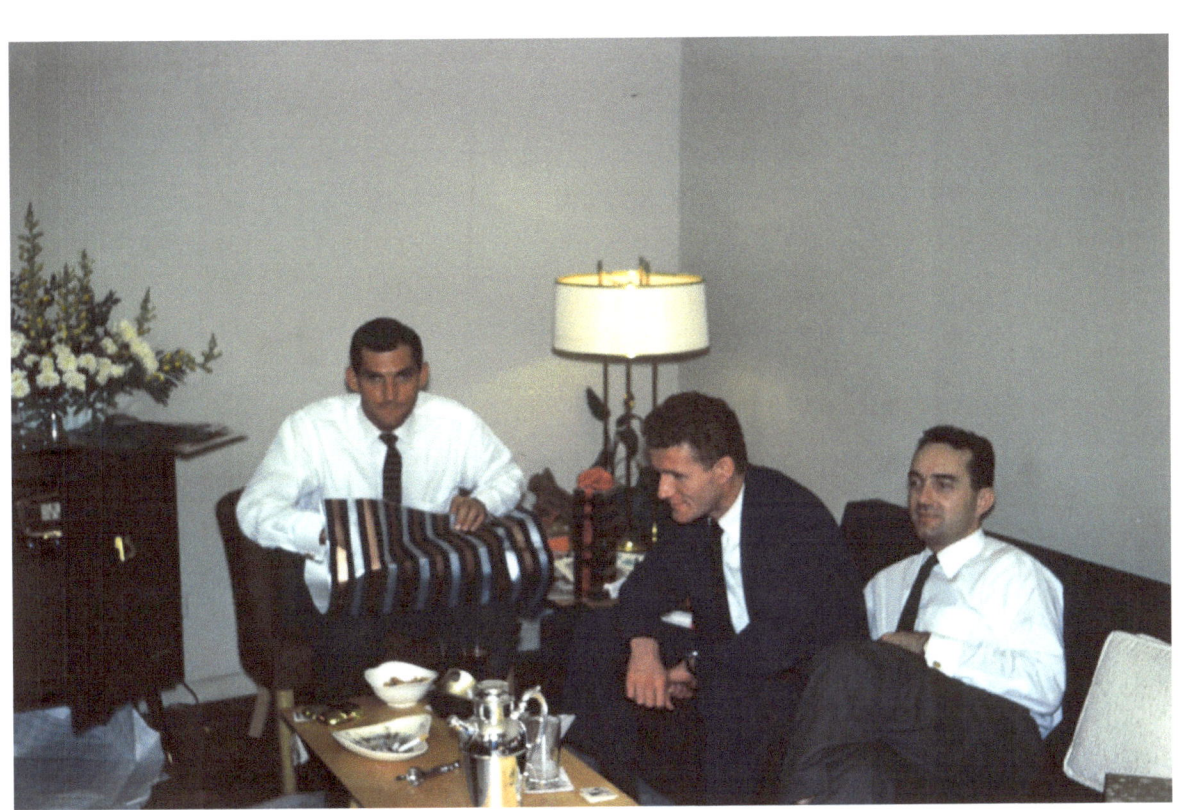

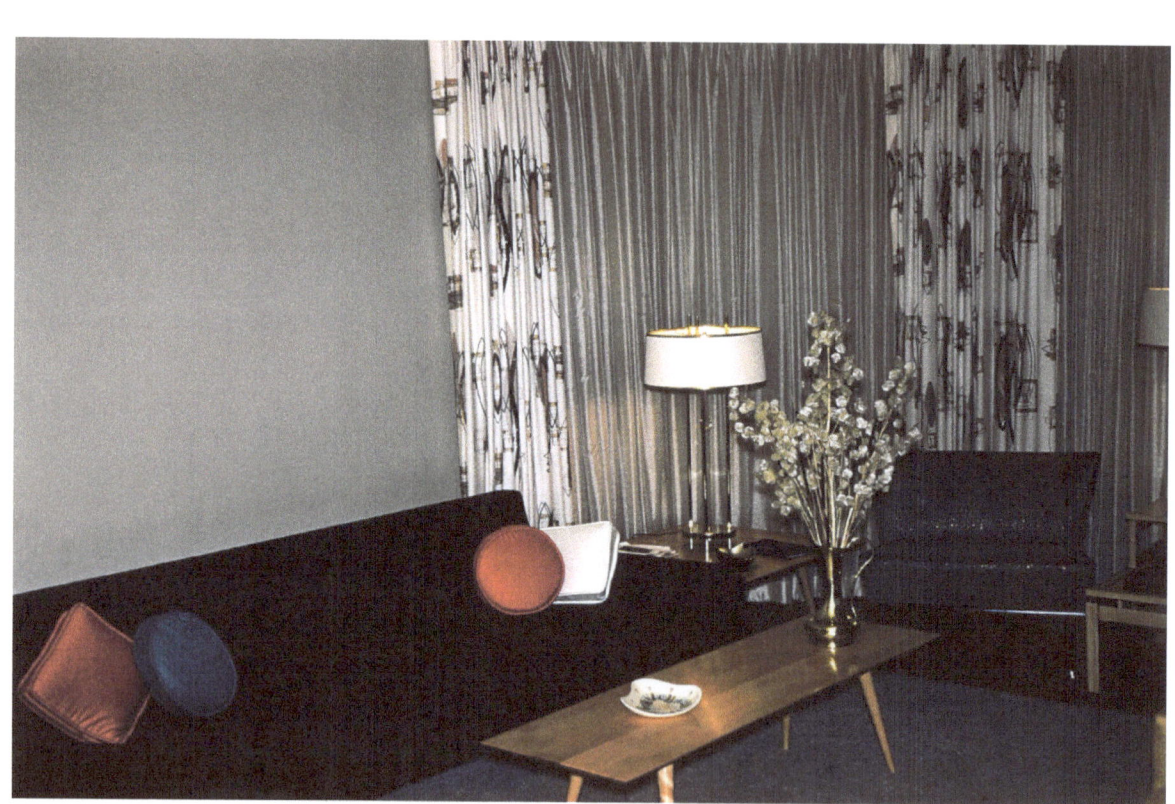

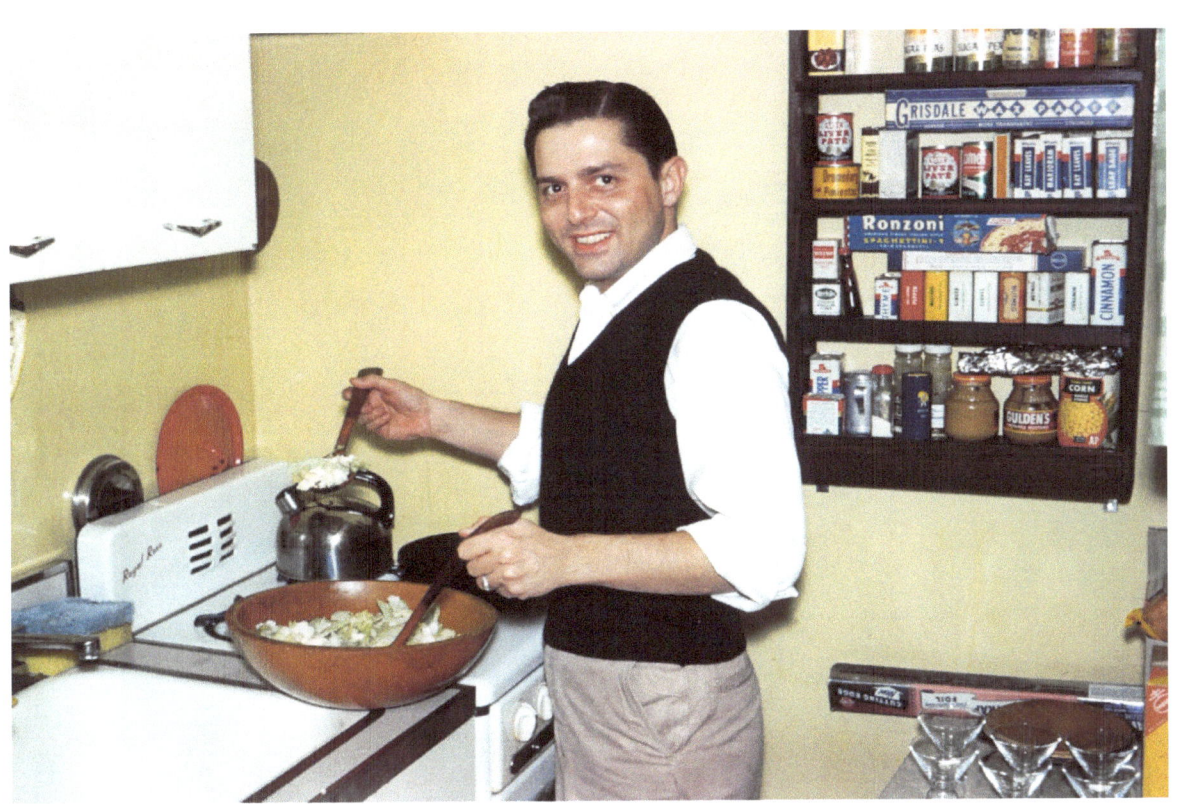

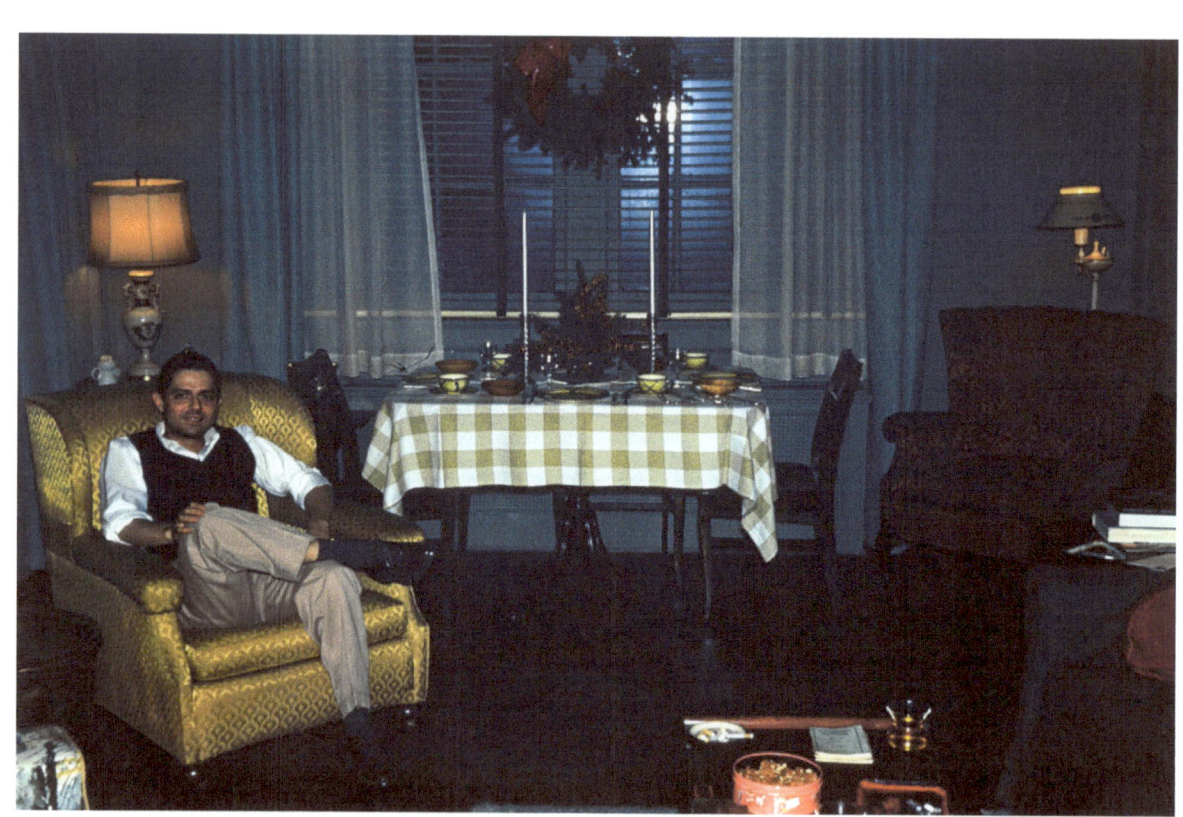

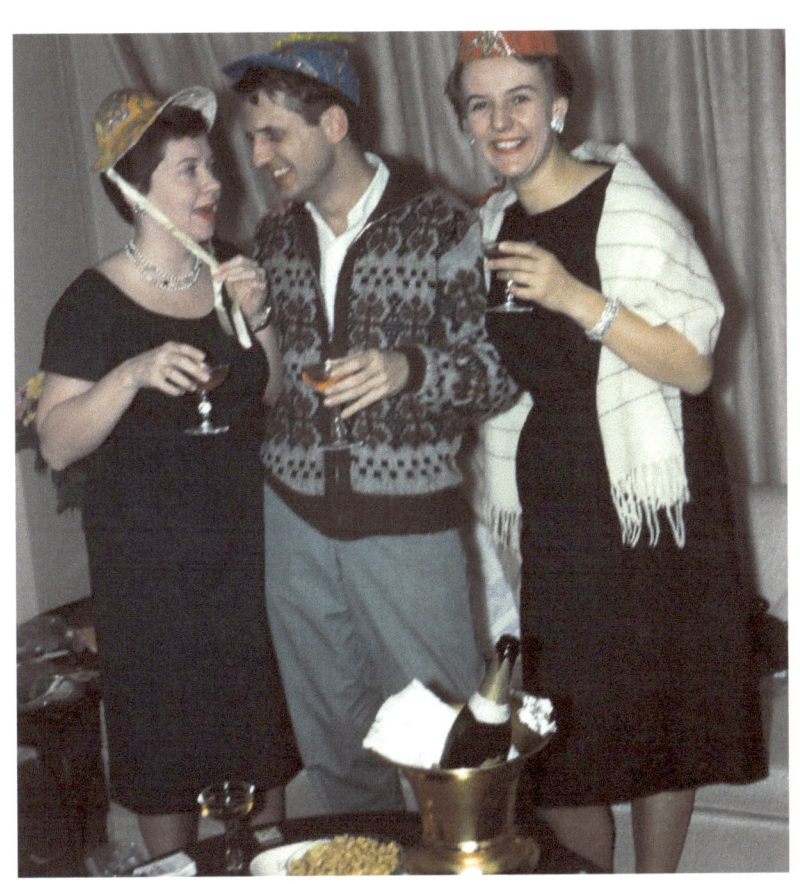

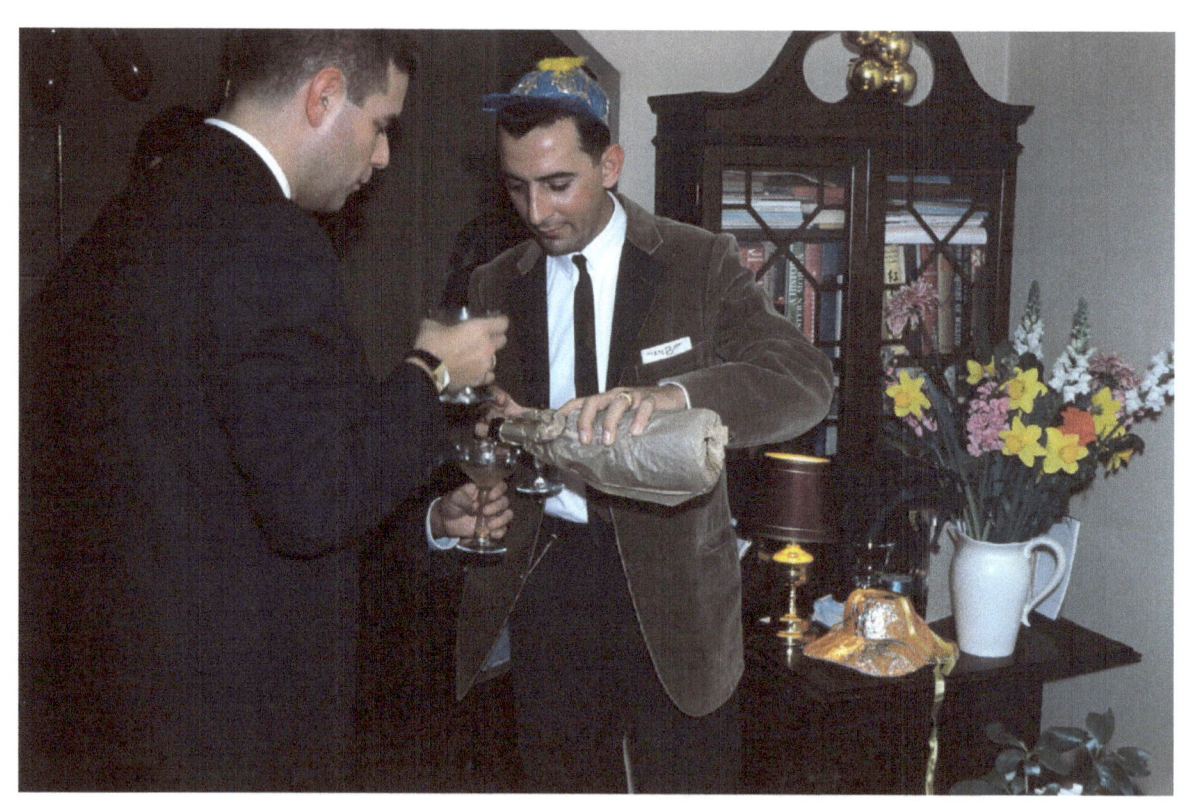

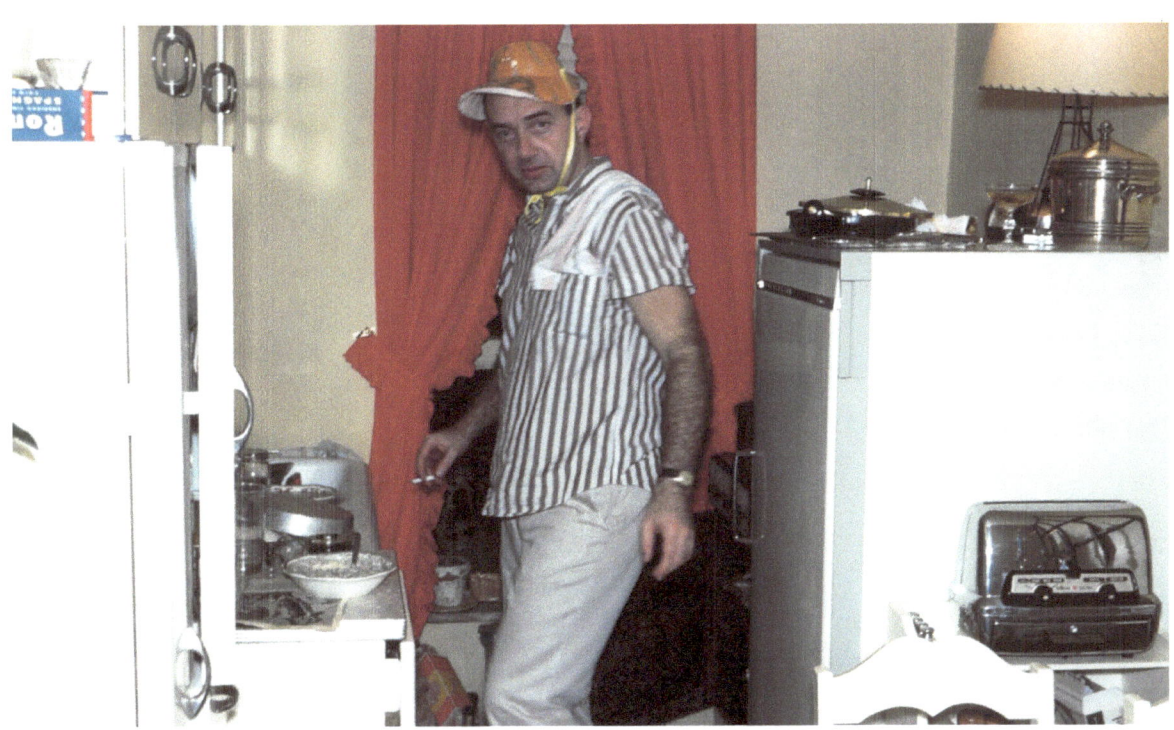

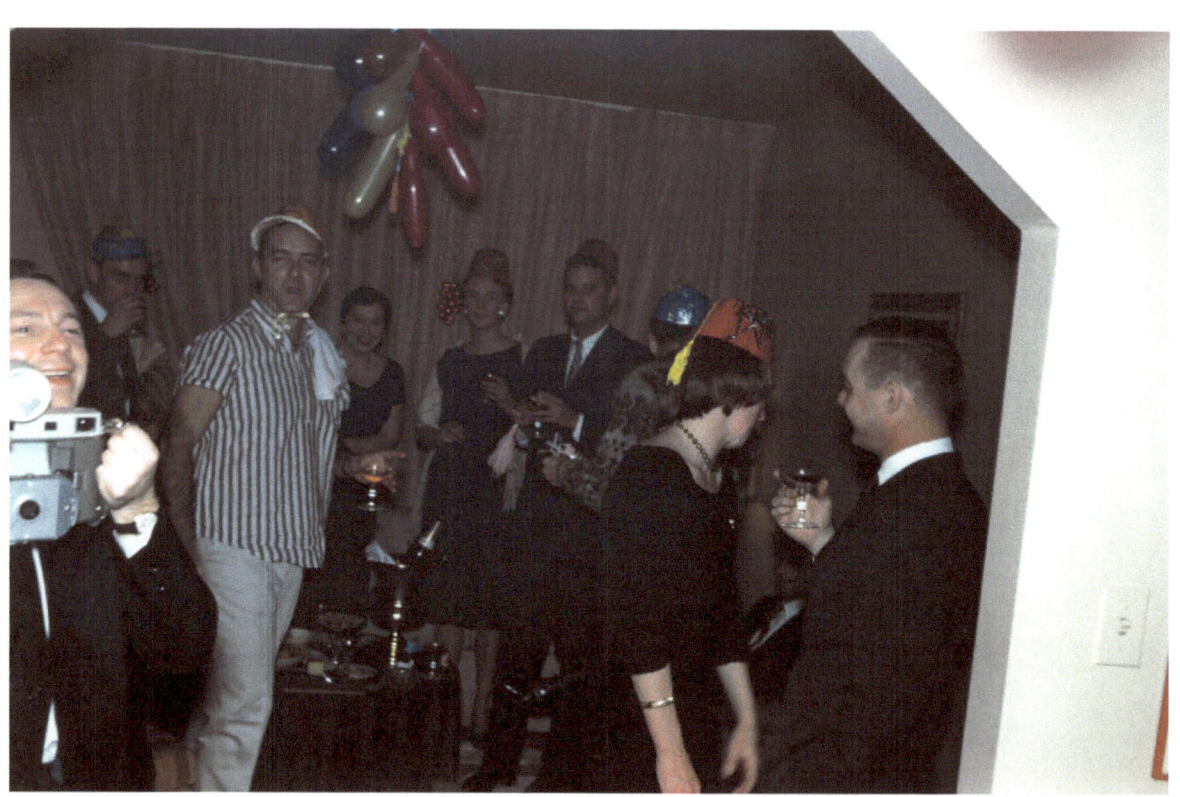

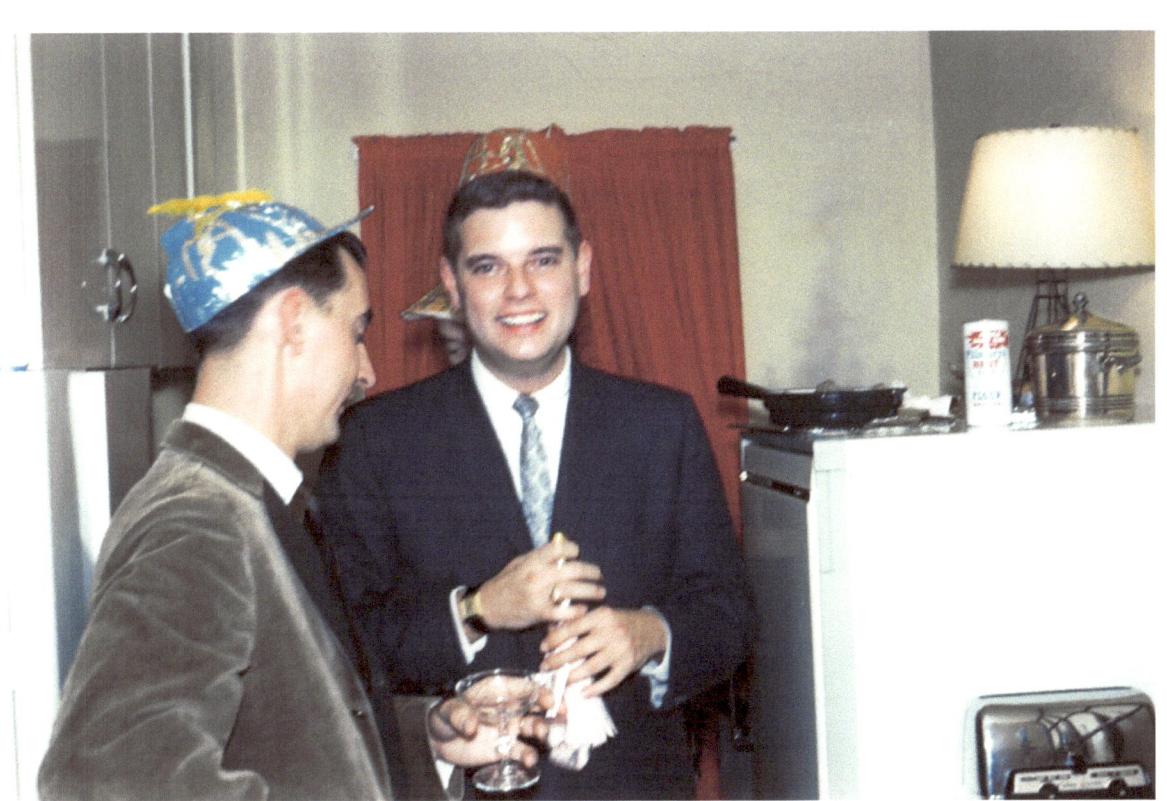

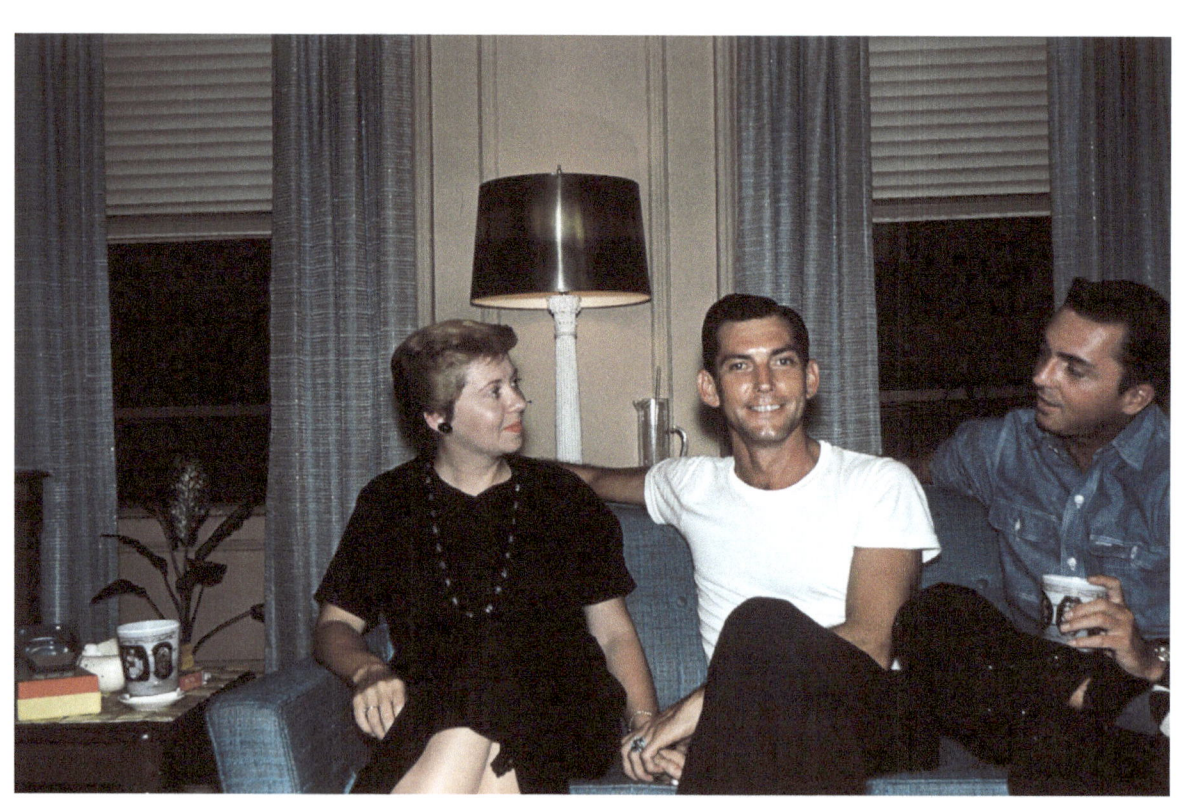

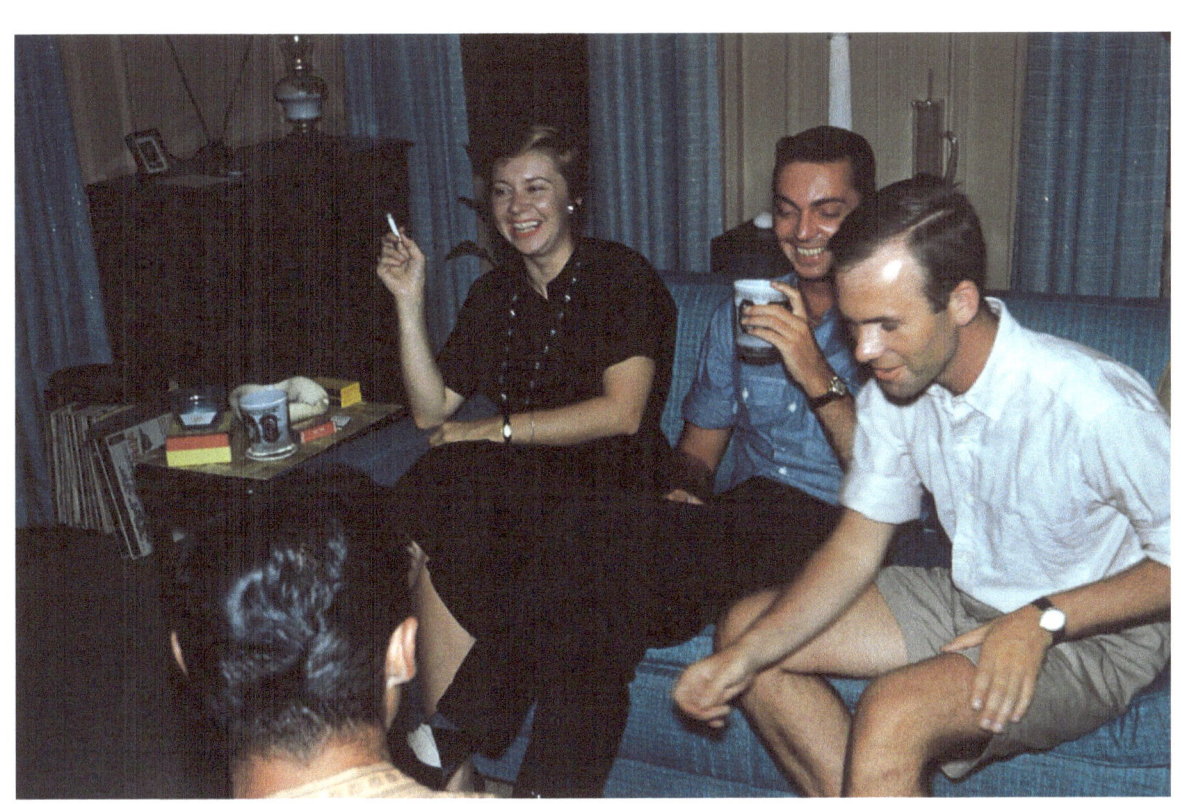

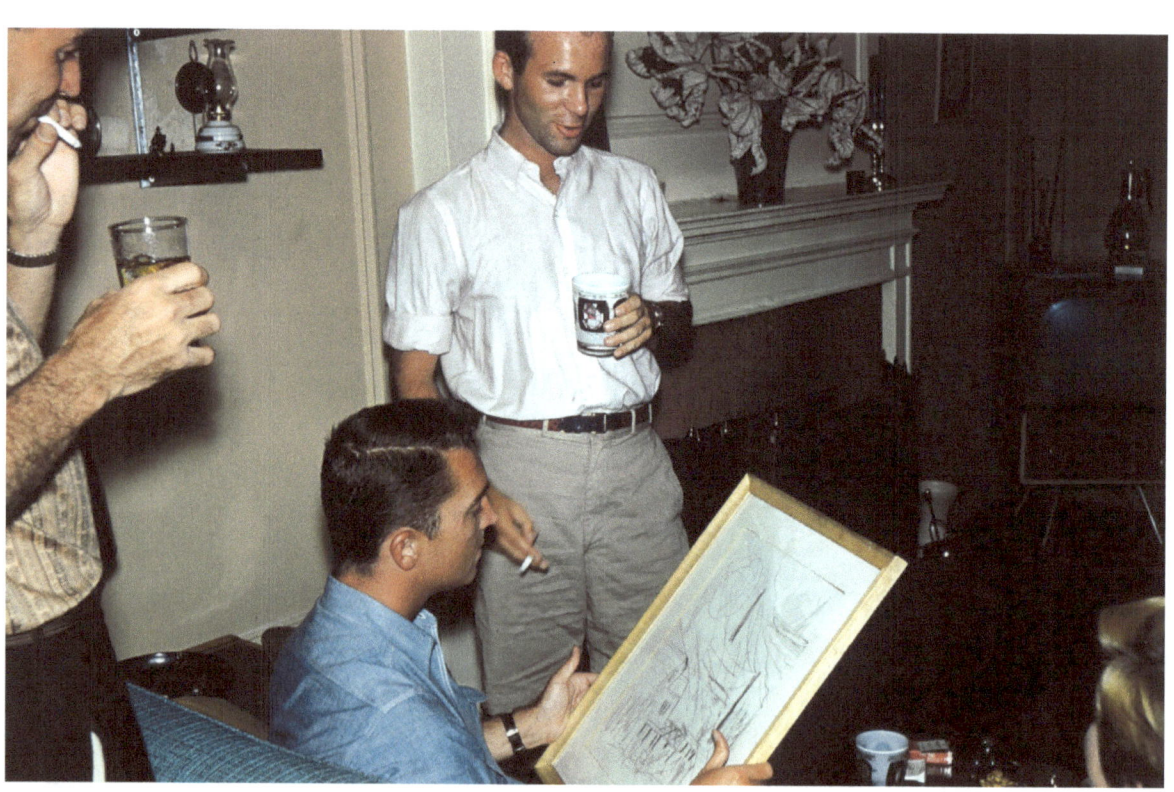

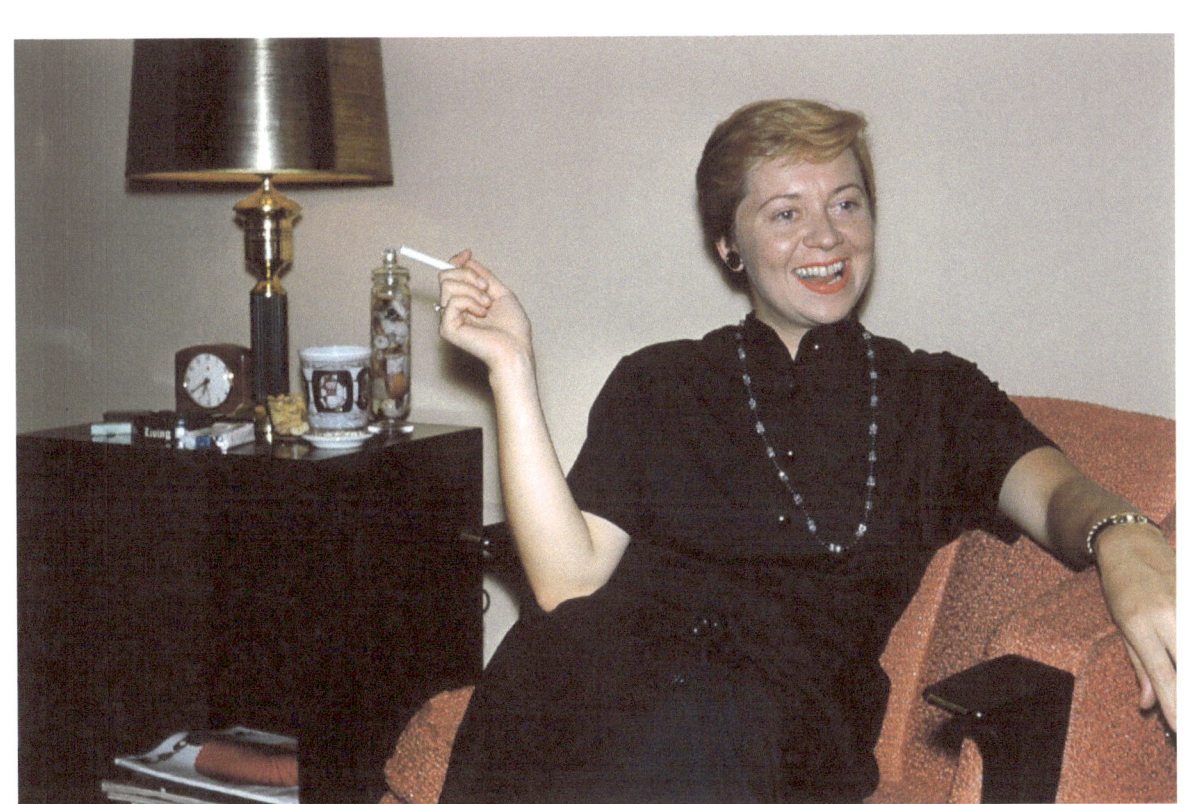

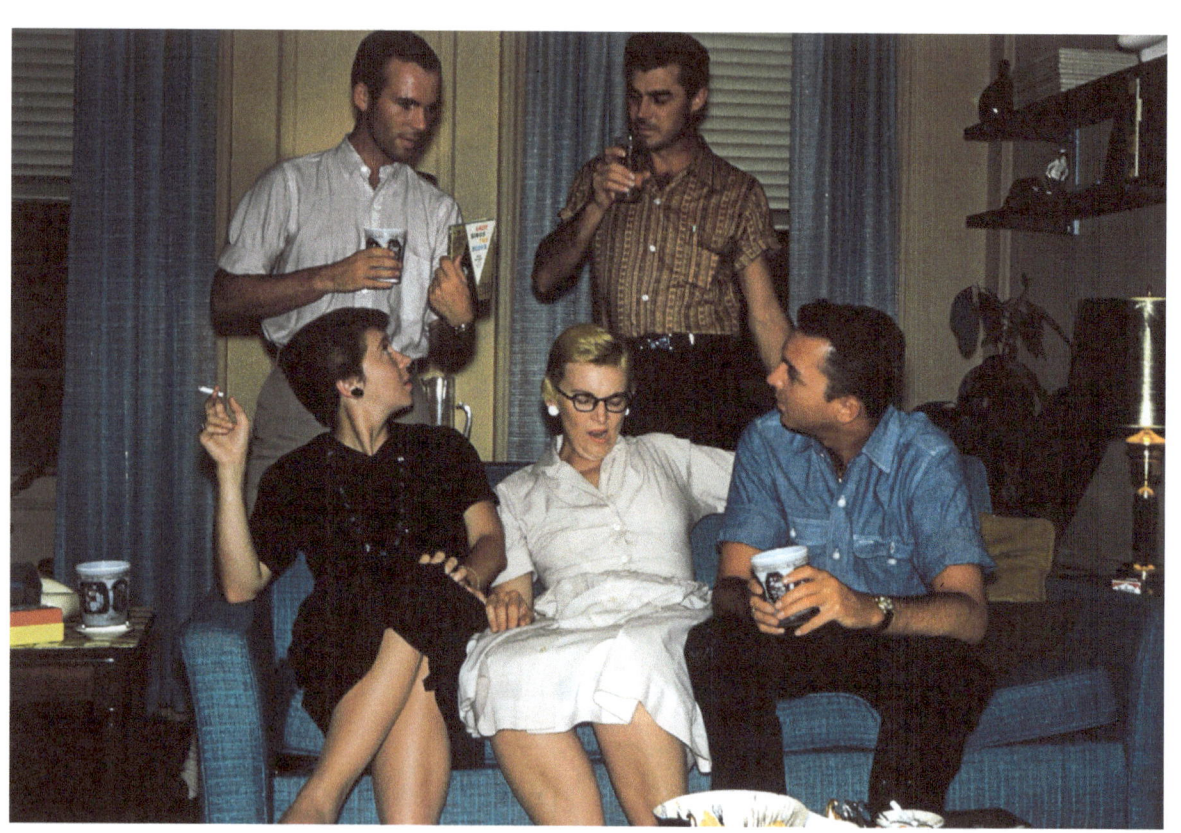

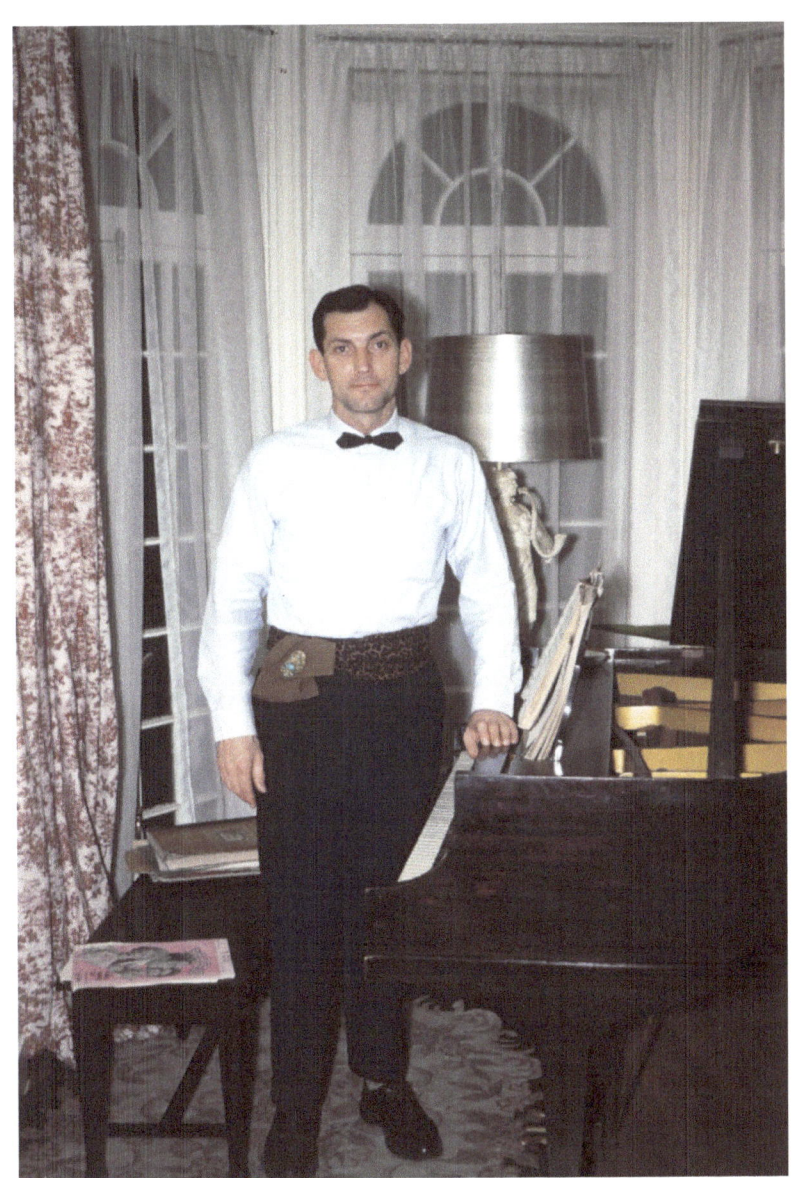

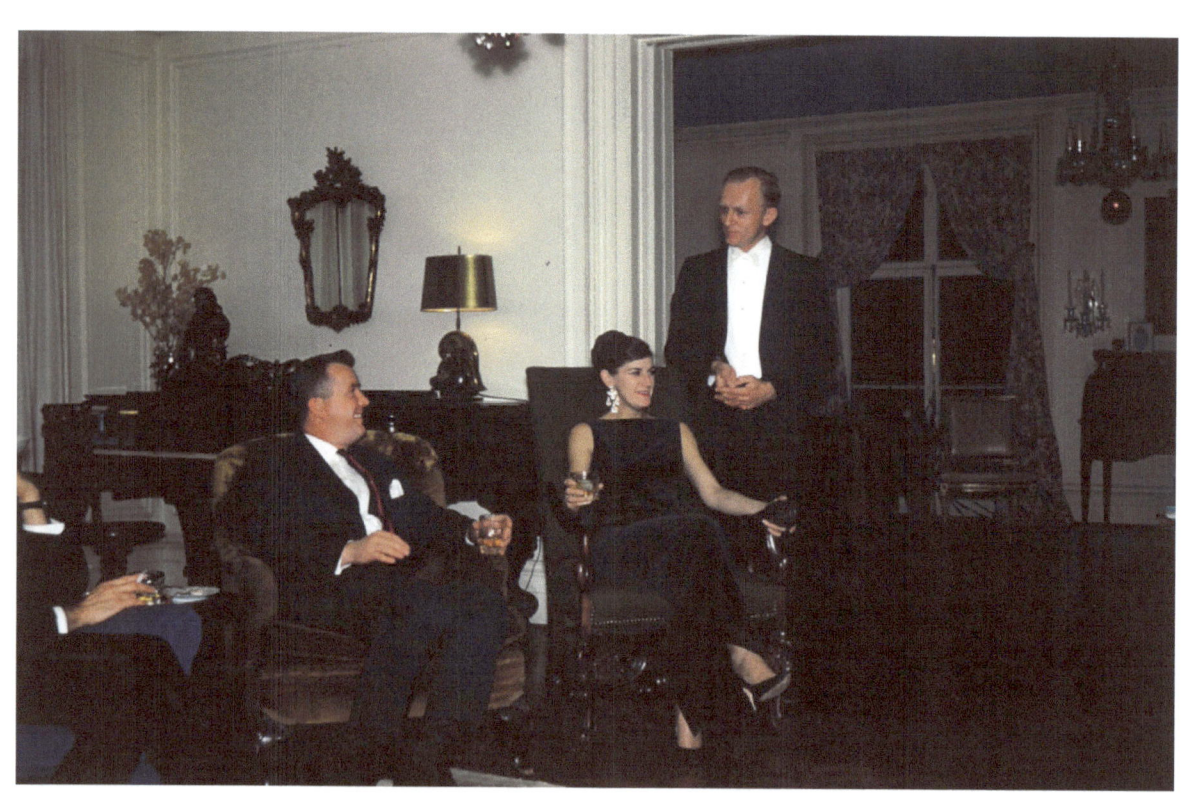

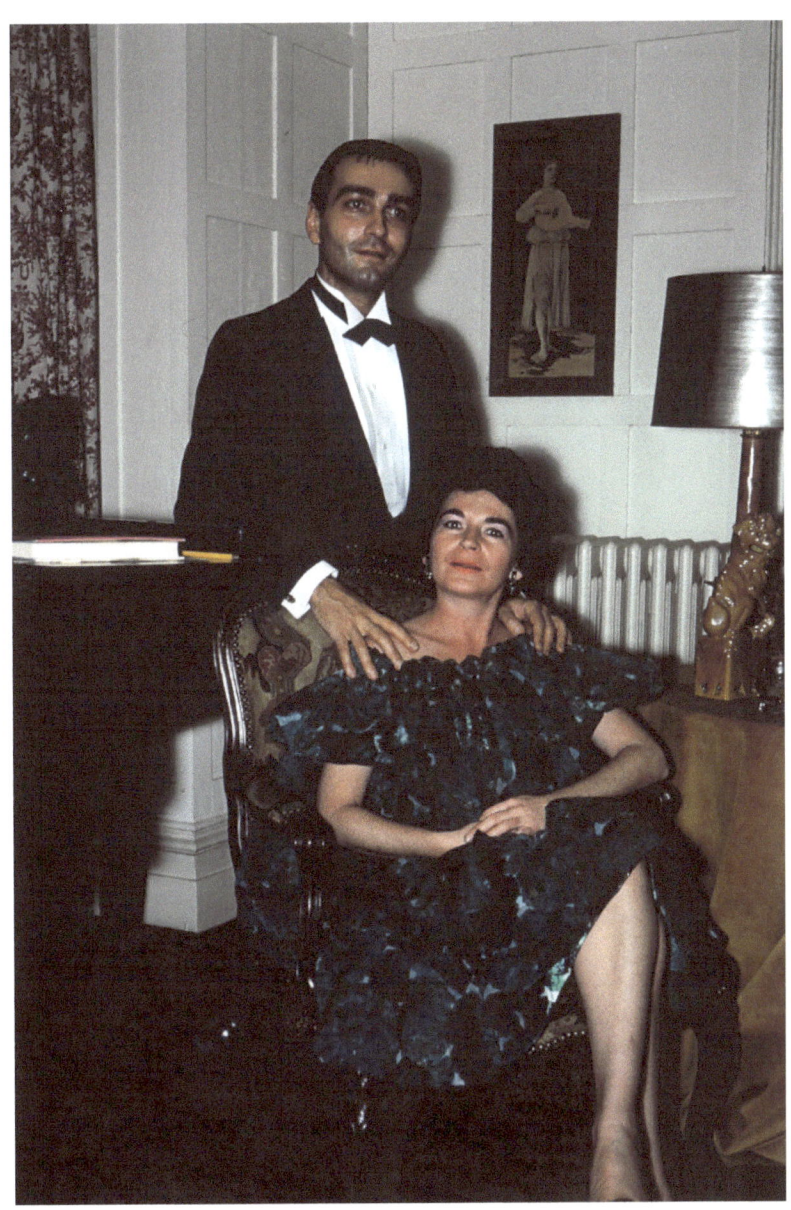

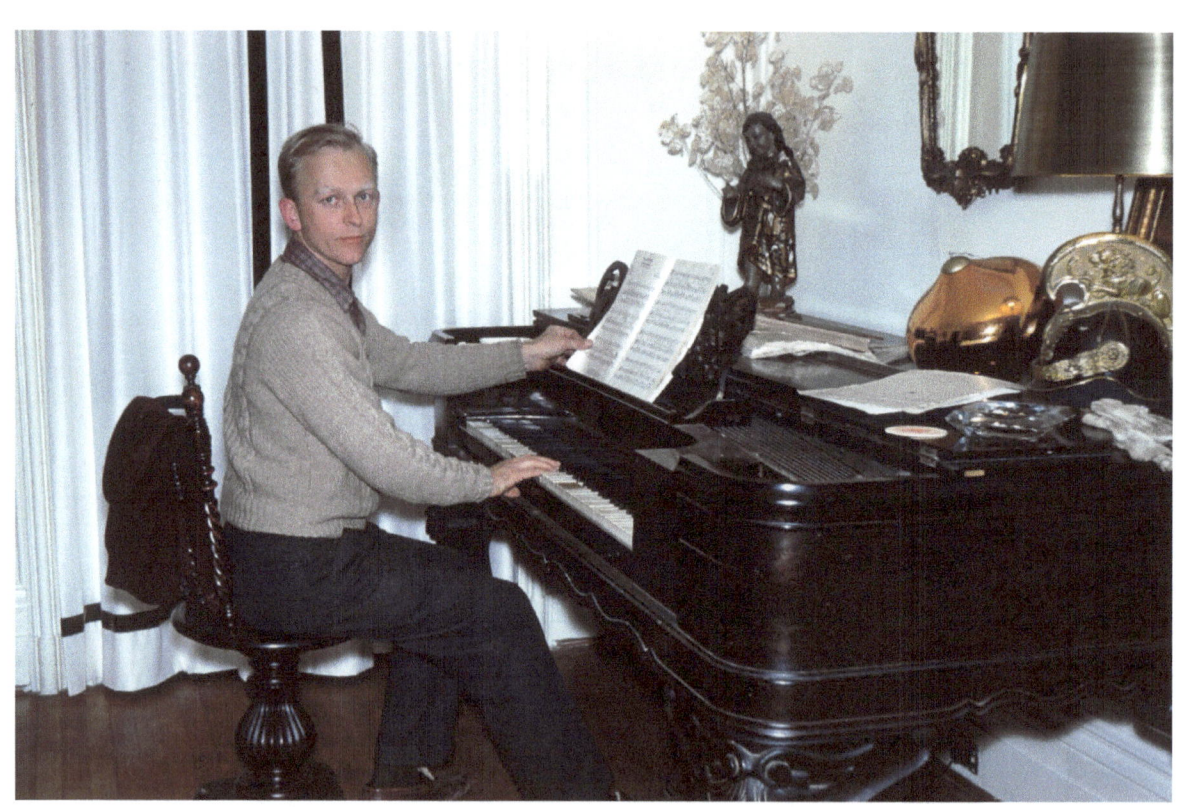

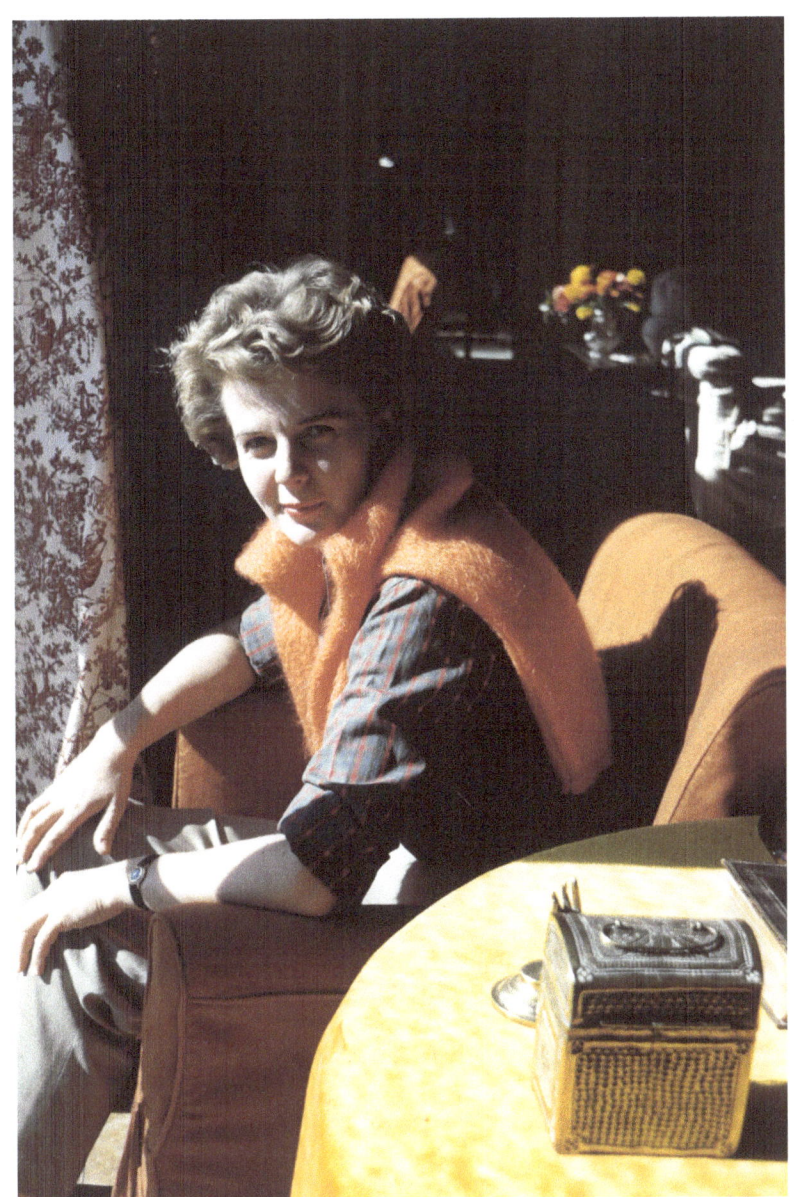

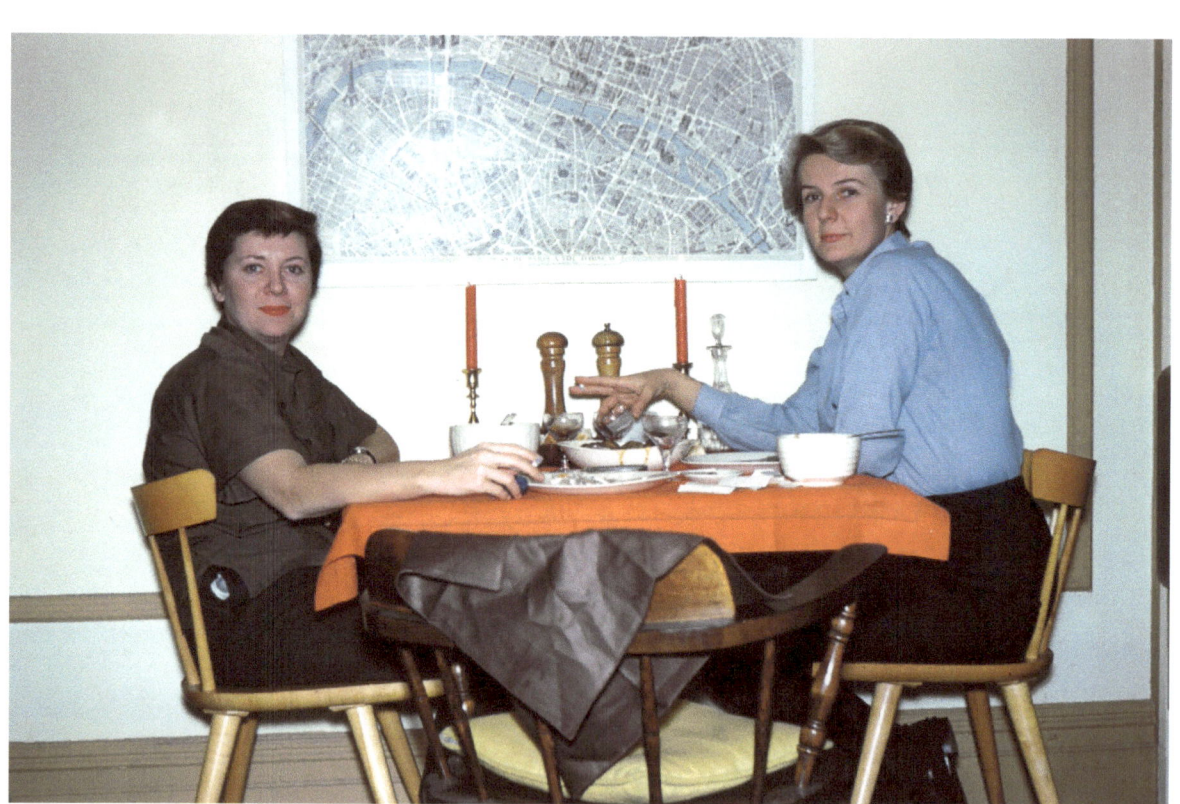

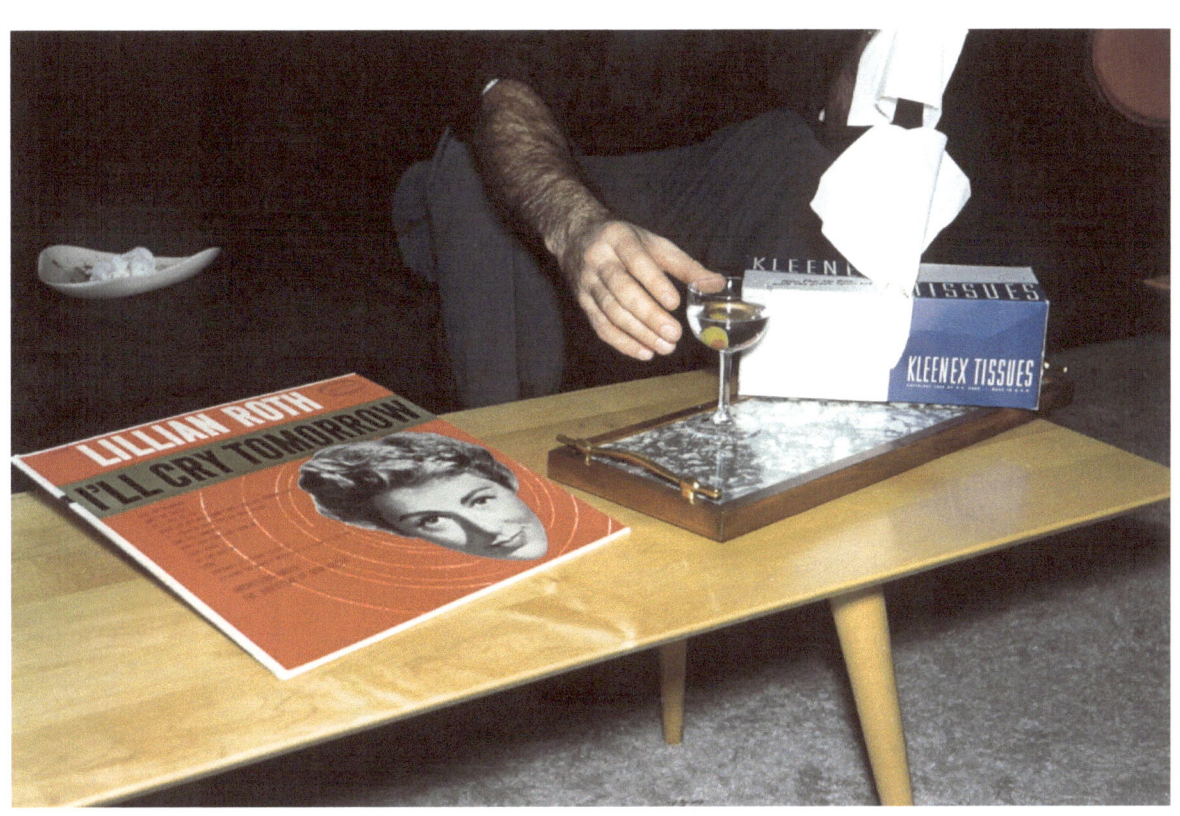

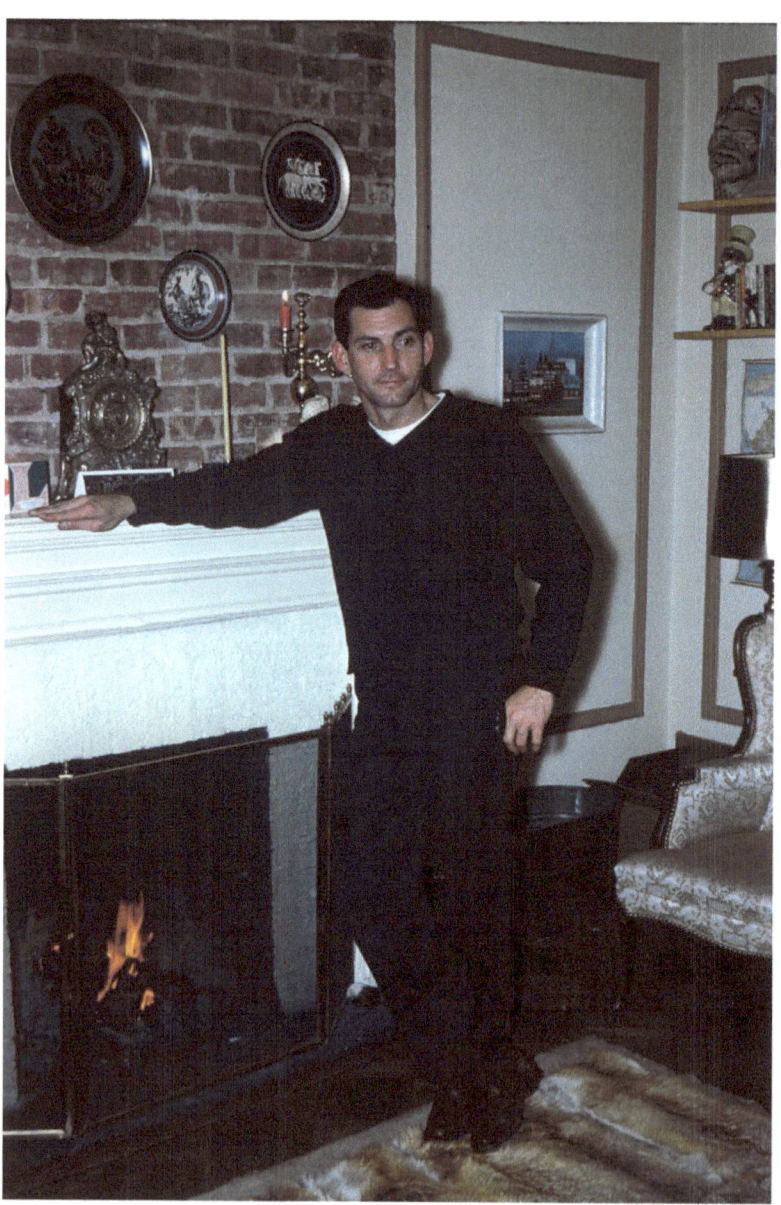

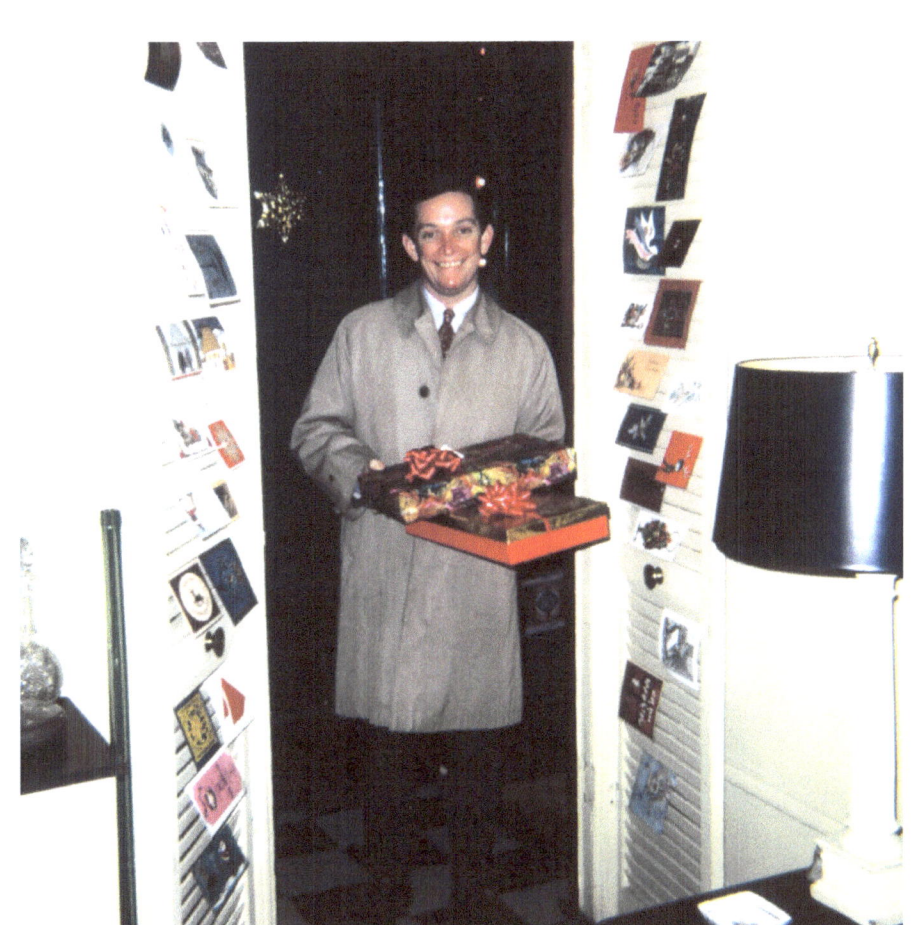

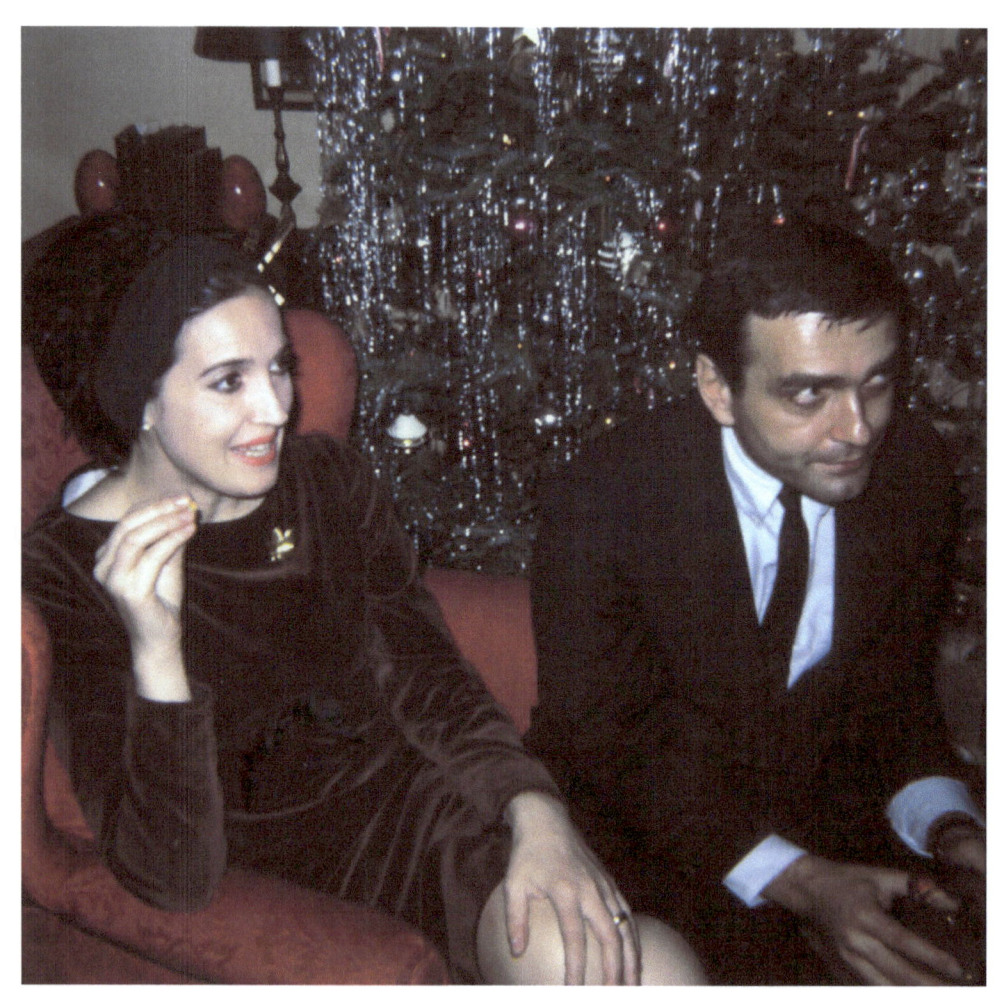

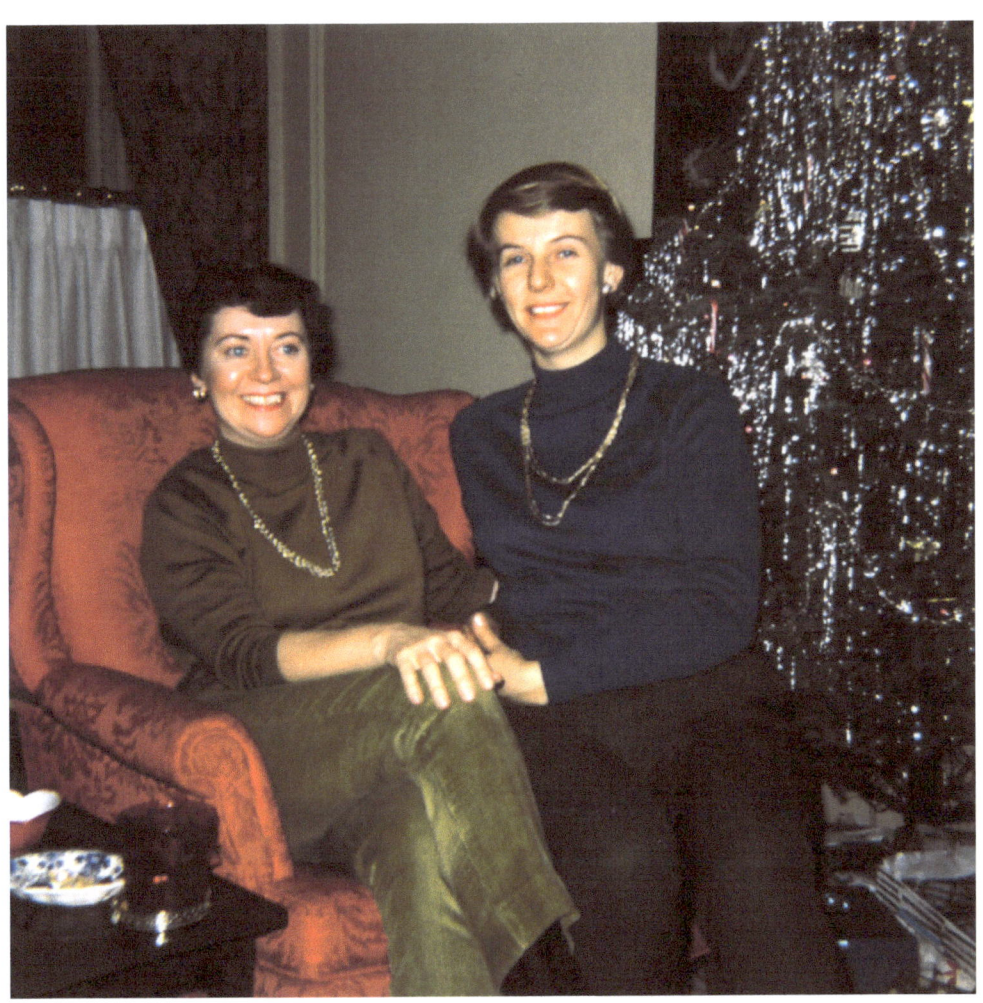

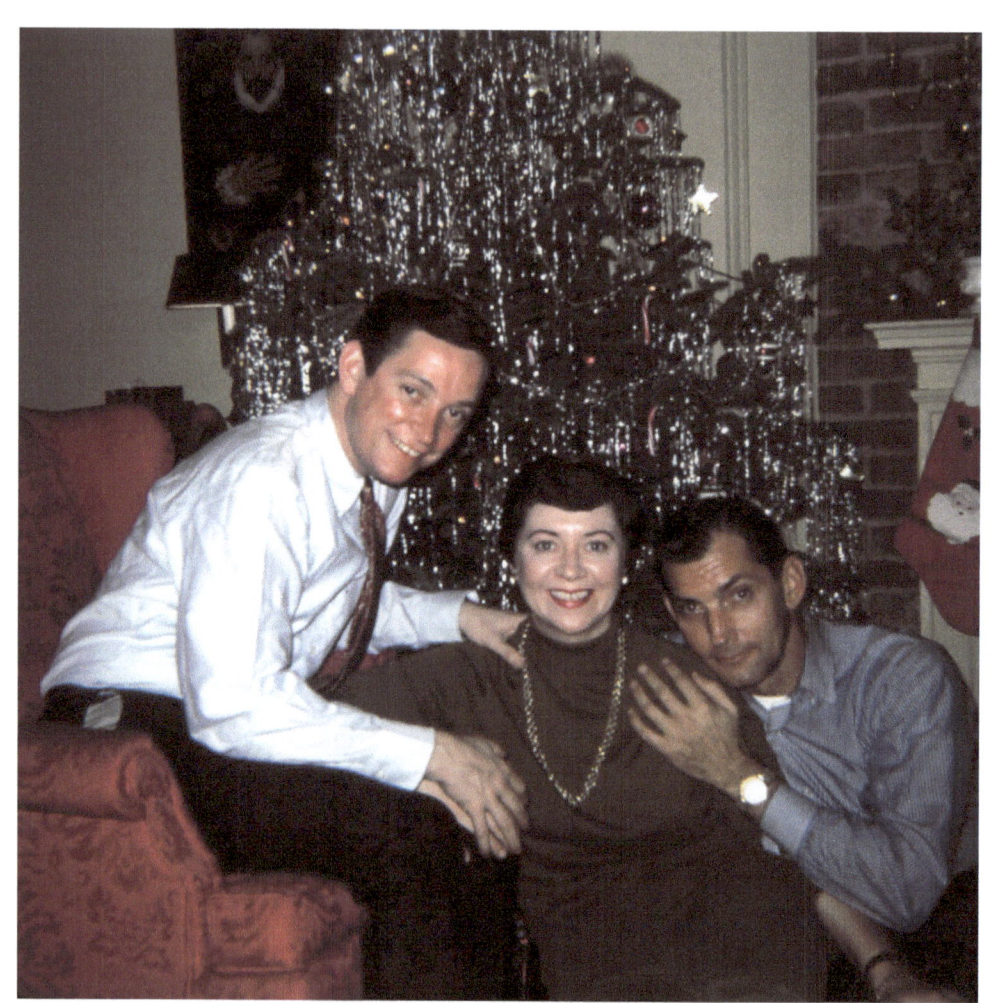

LES VOYAGES

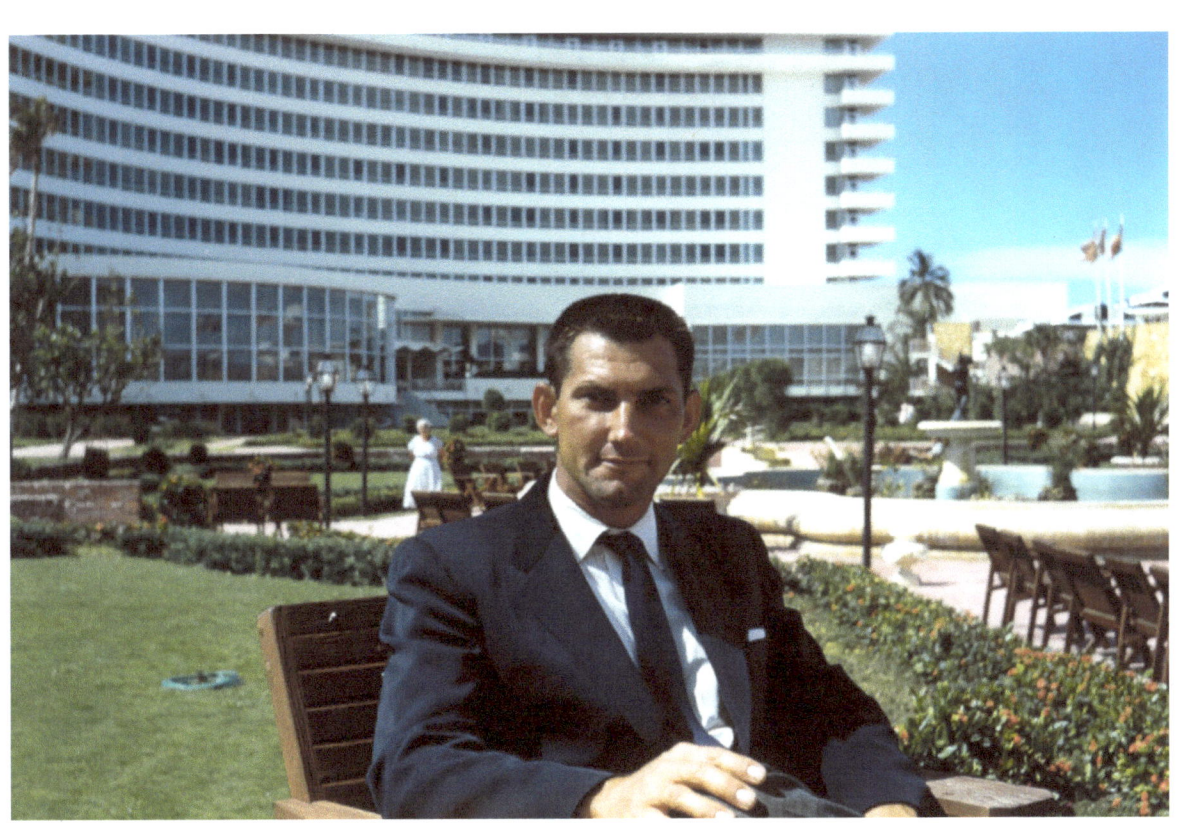

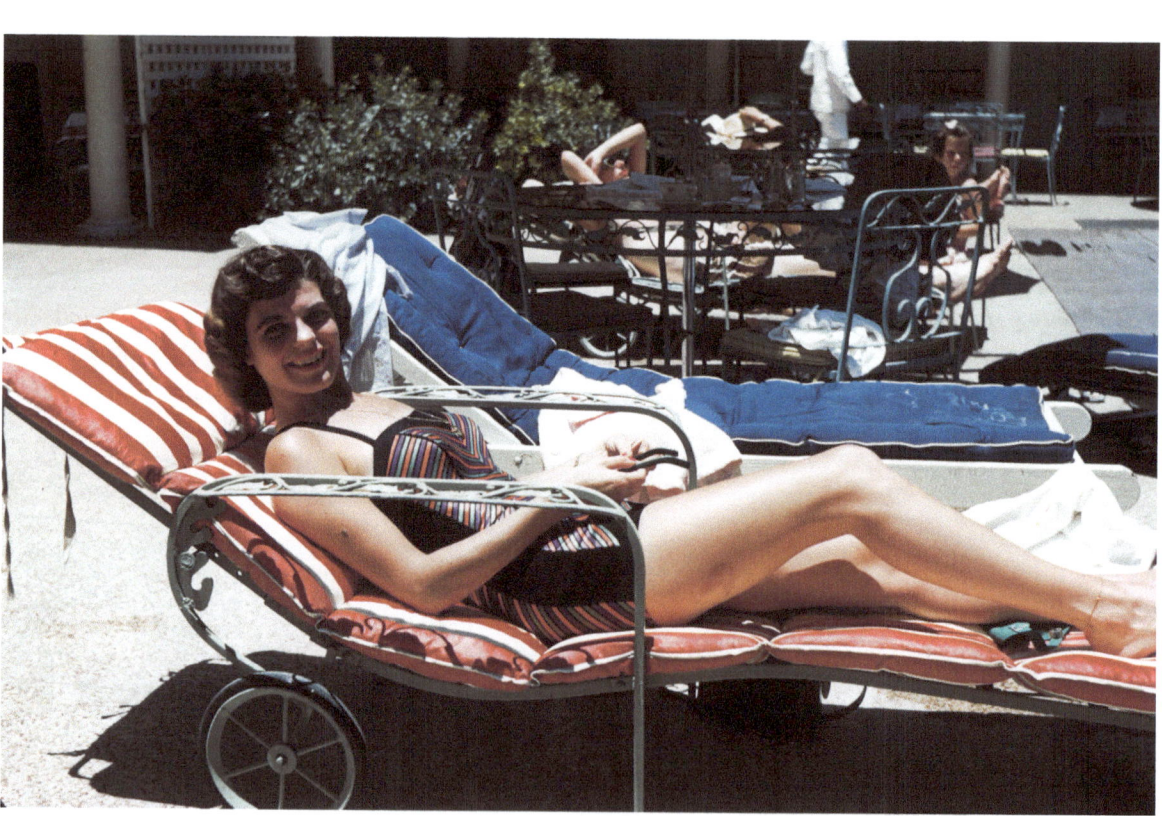

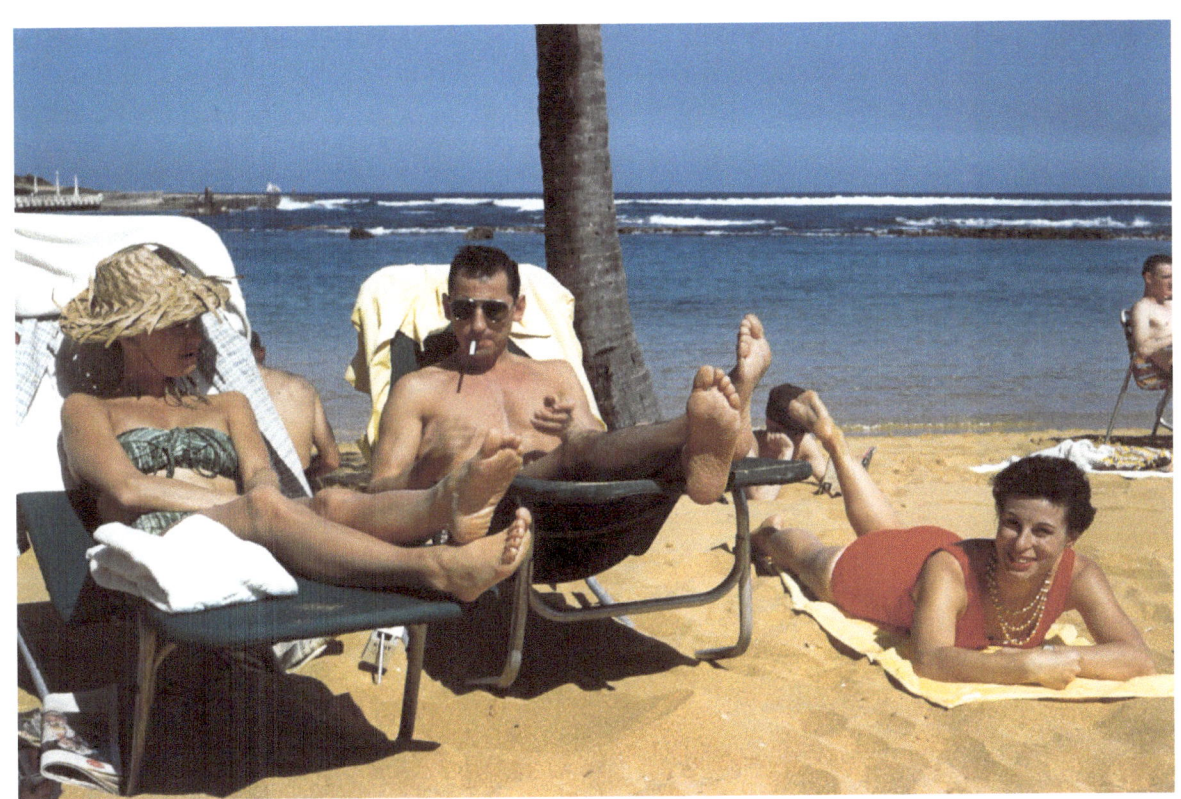

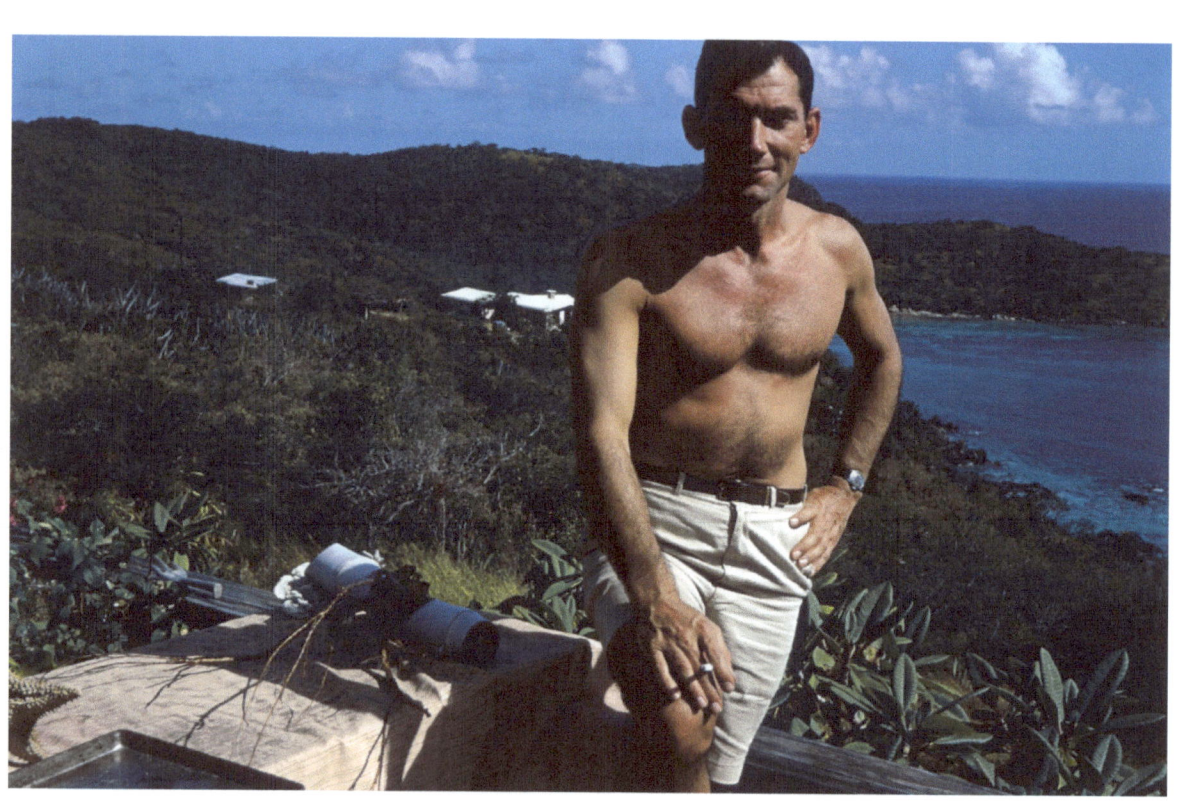

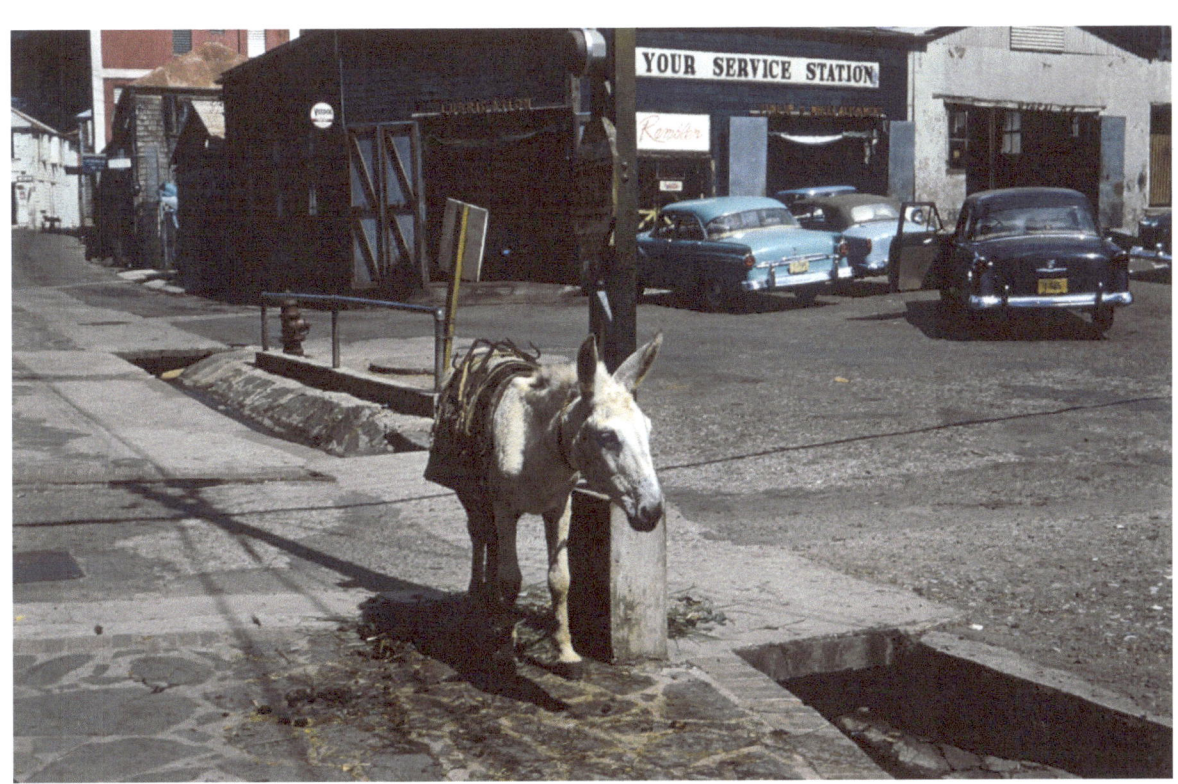

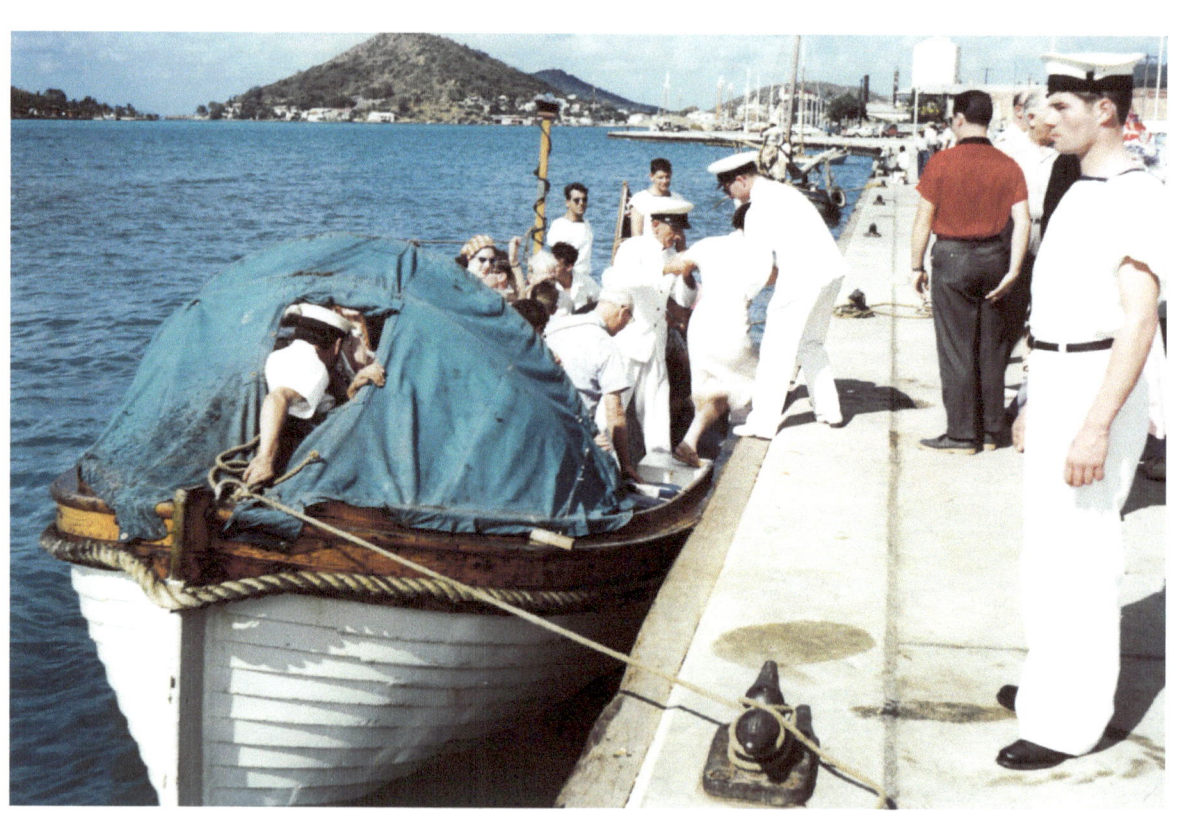

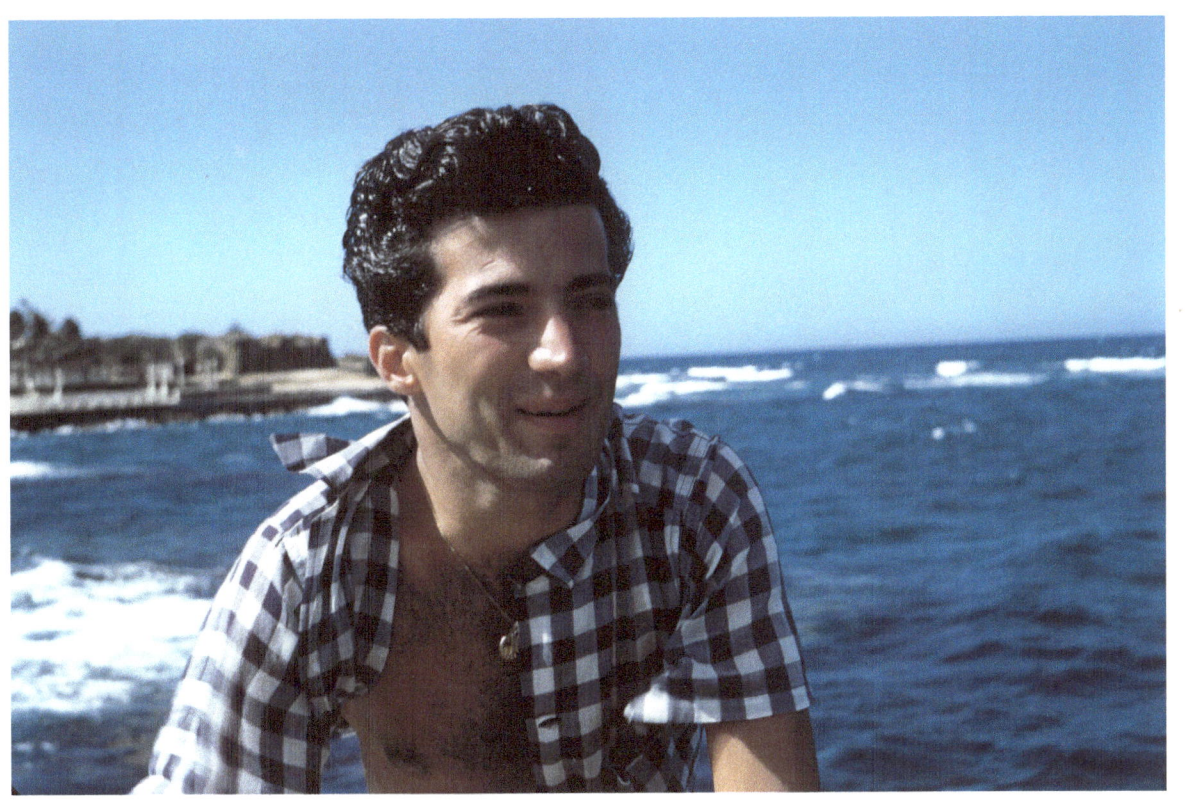

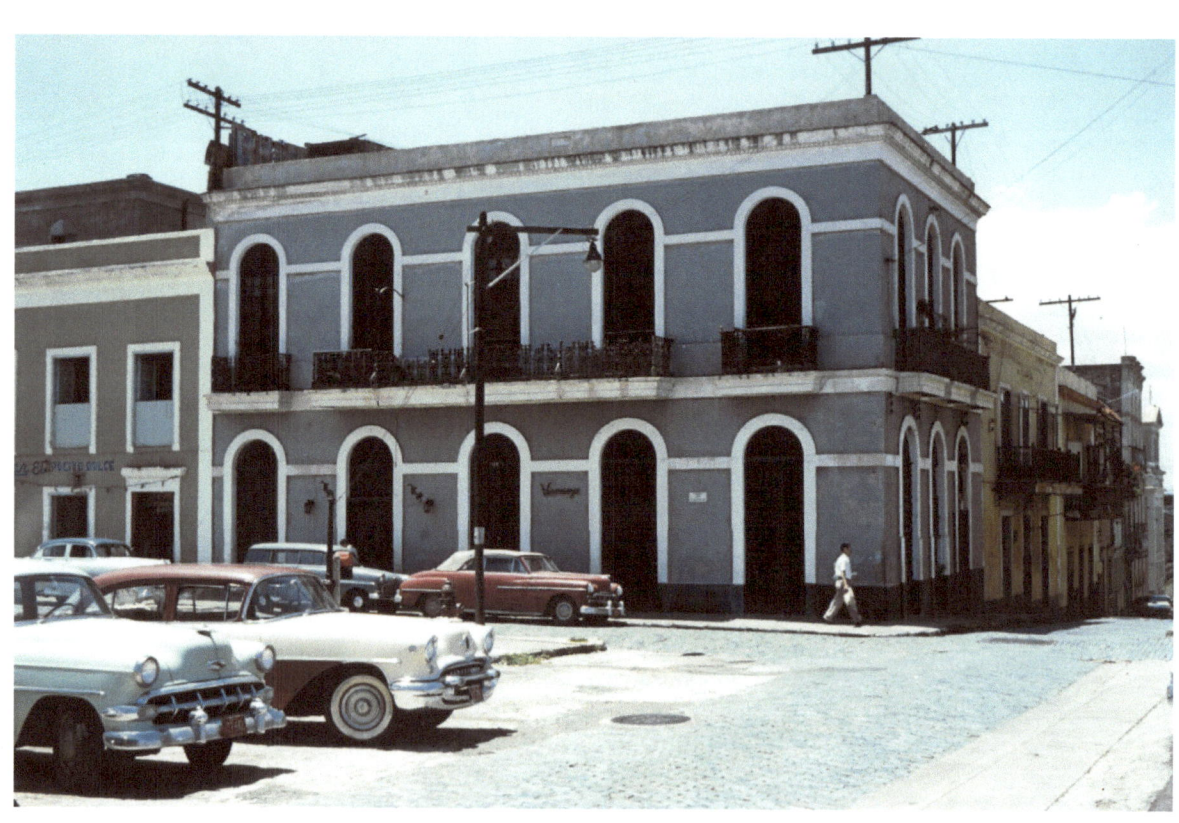

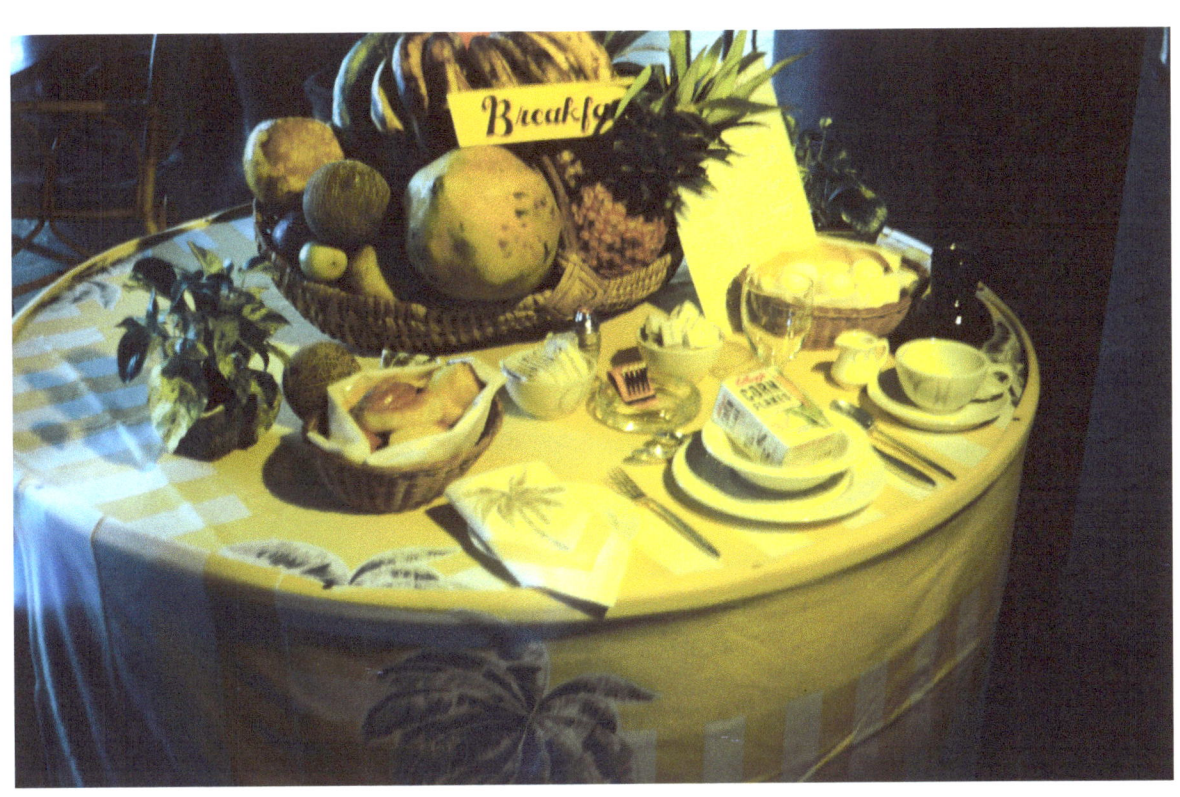

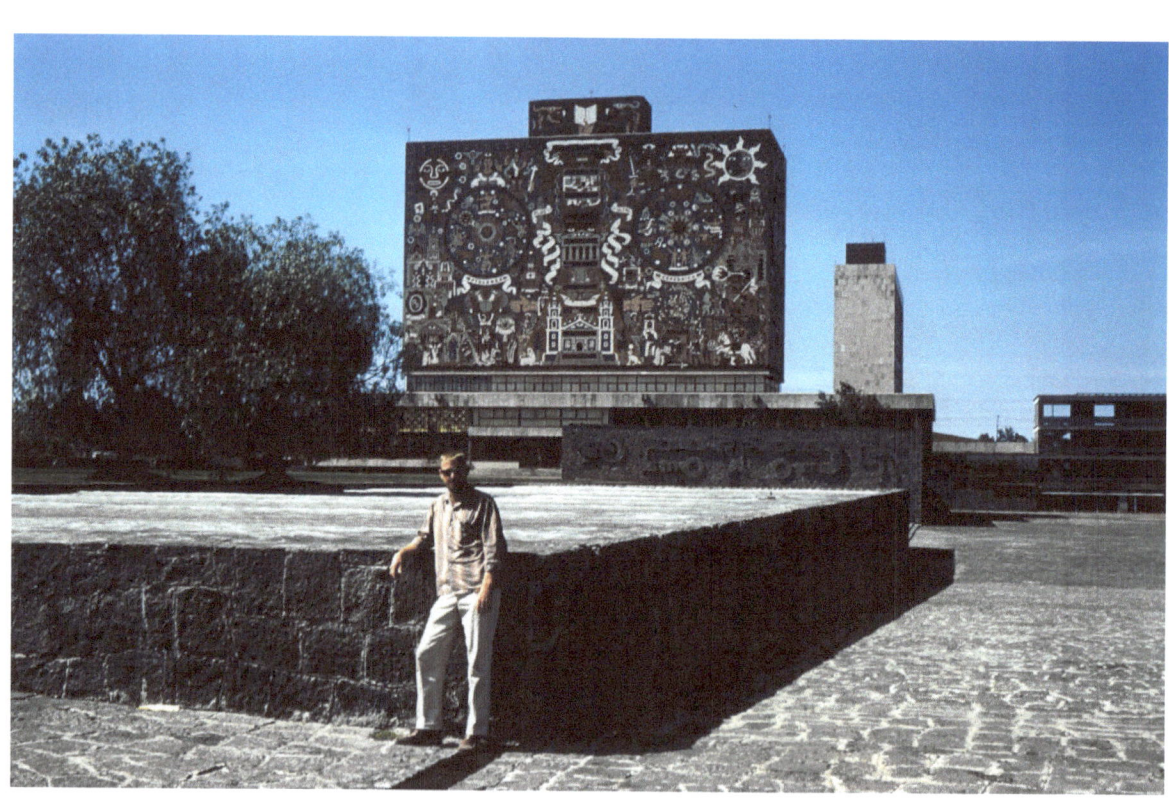

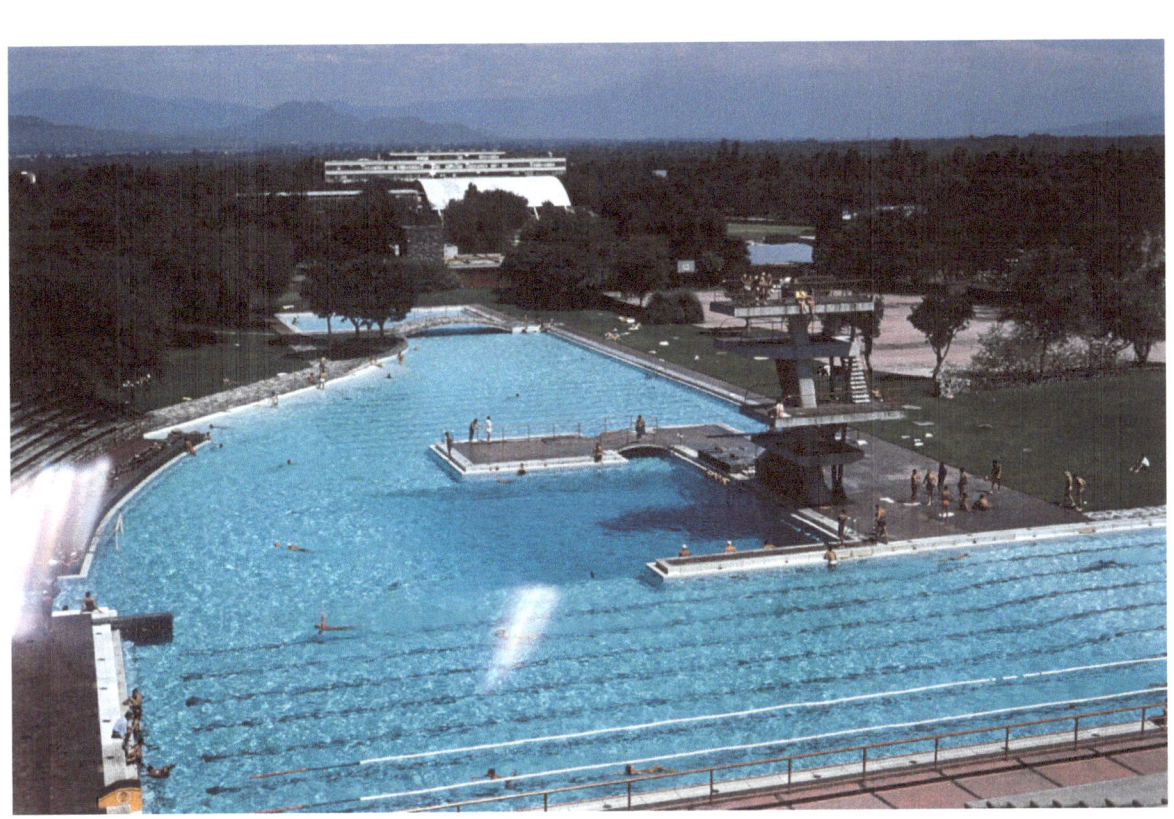

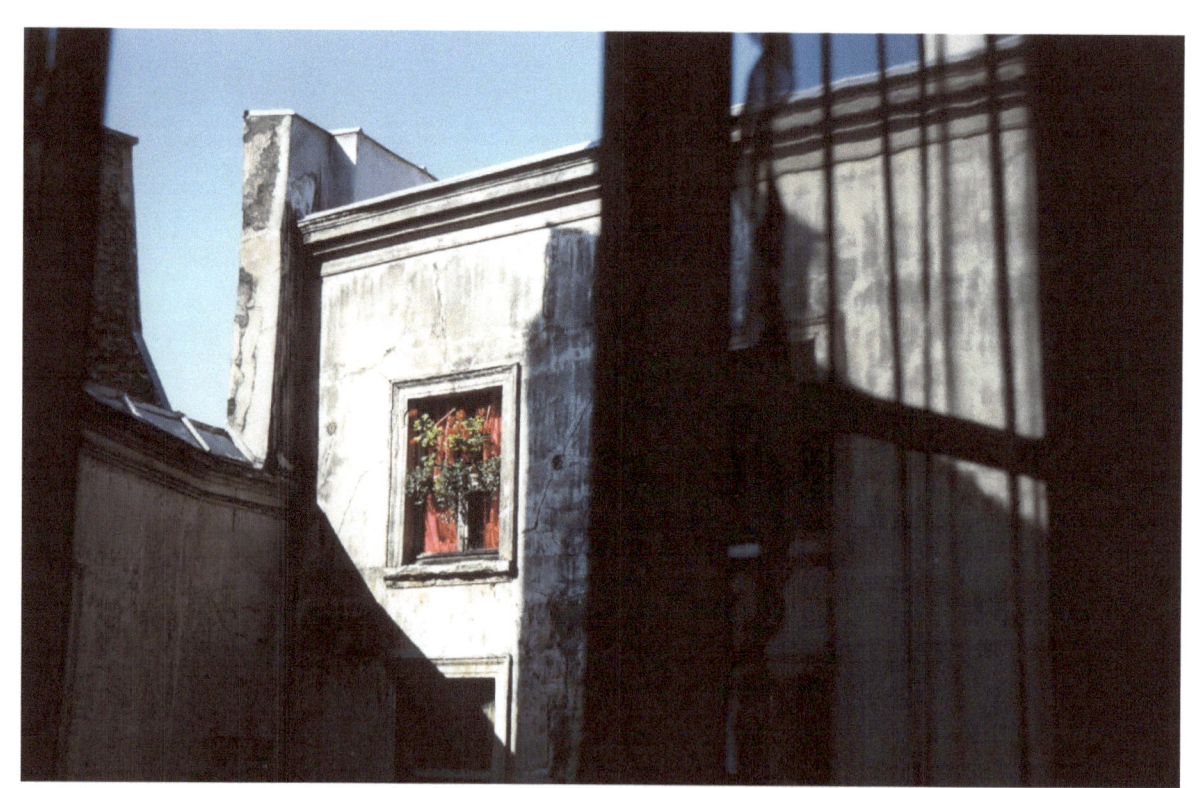

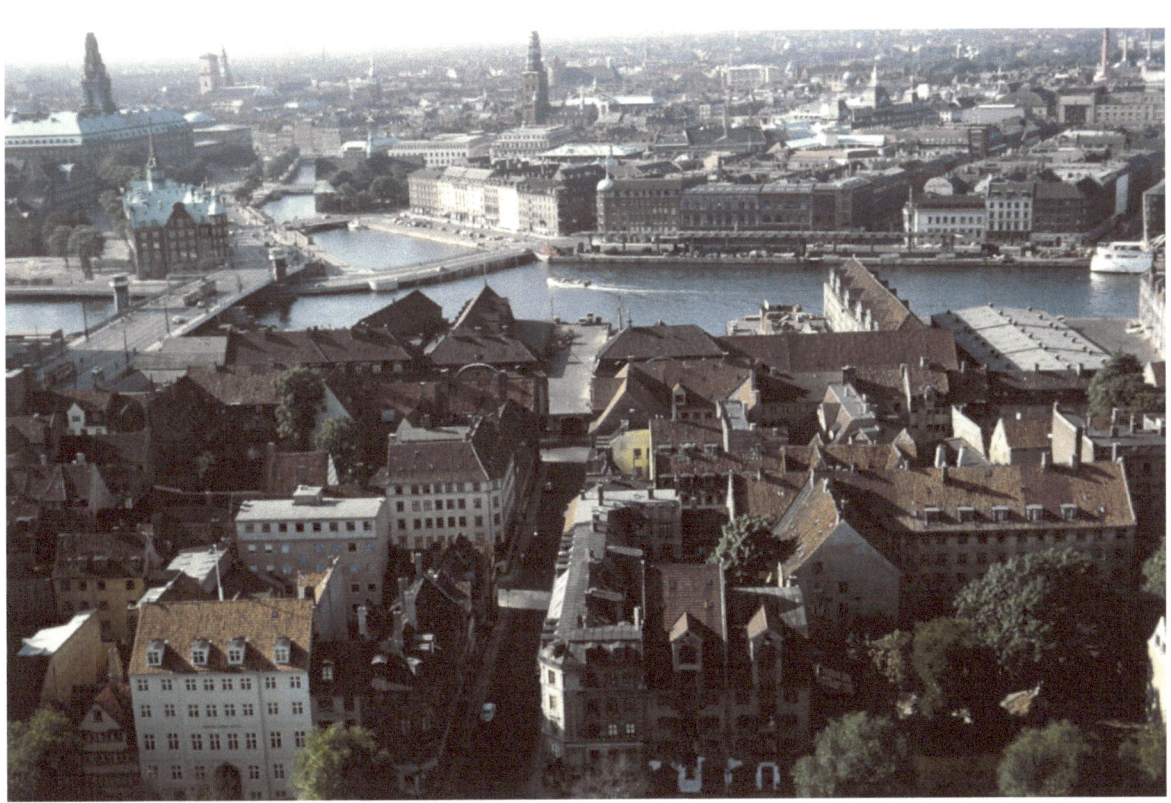

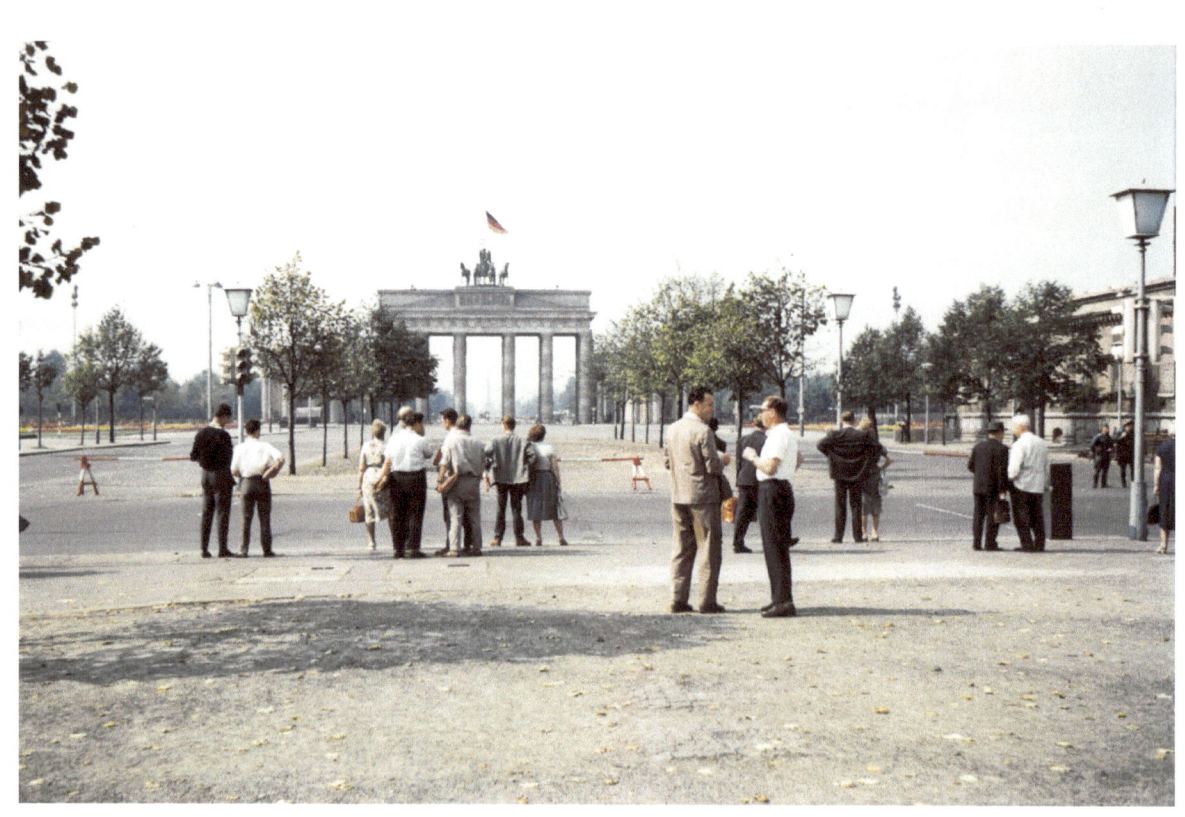

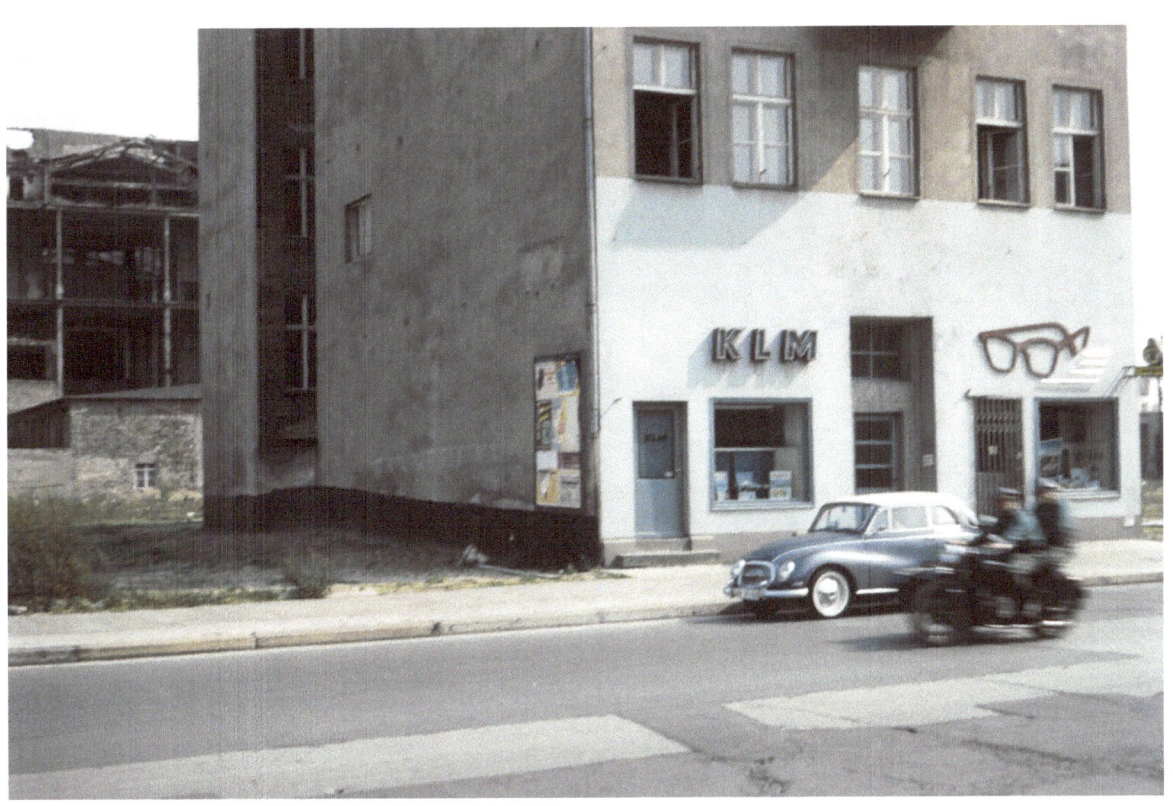

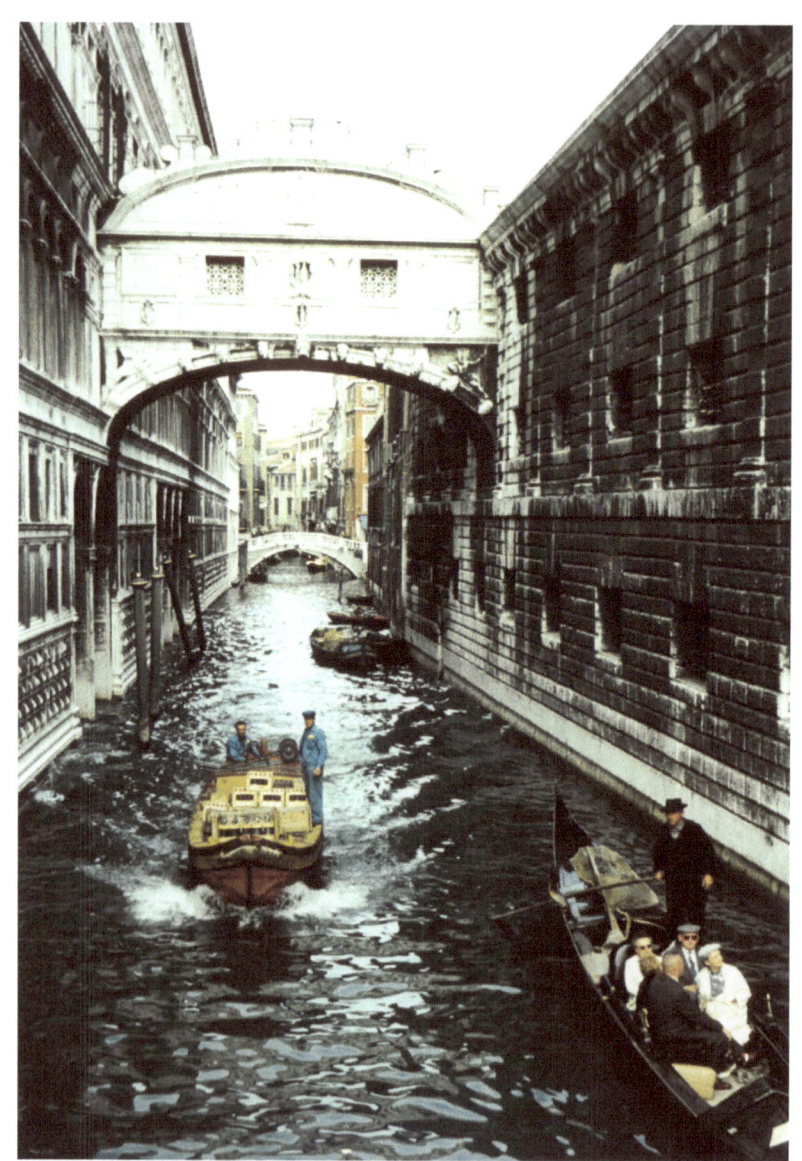

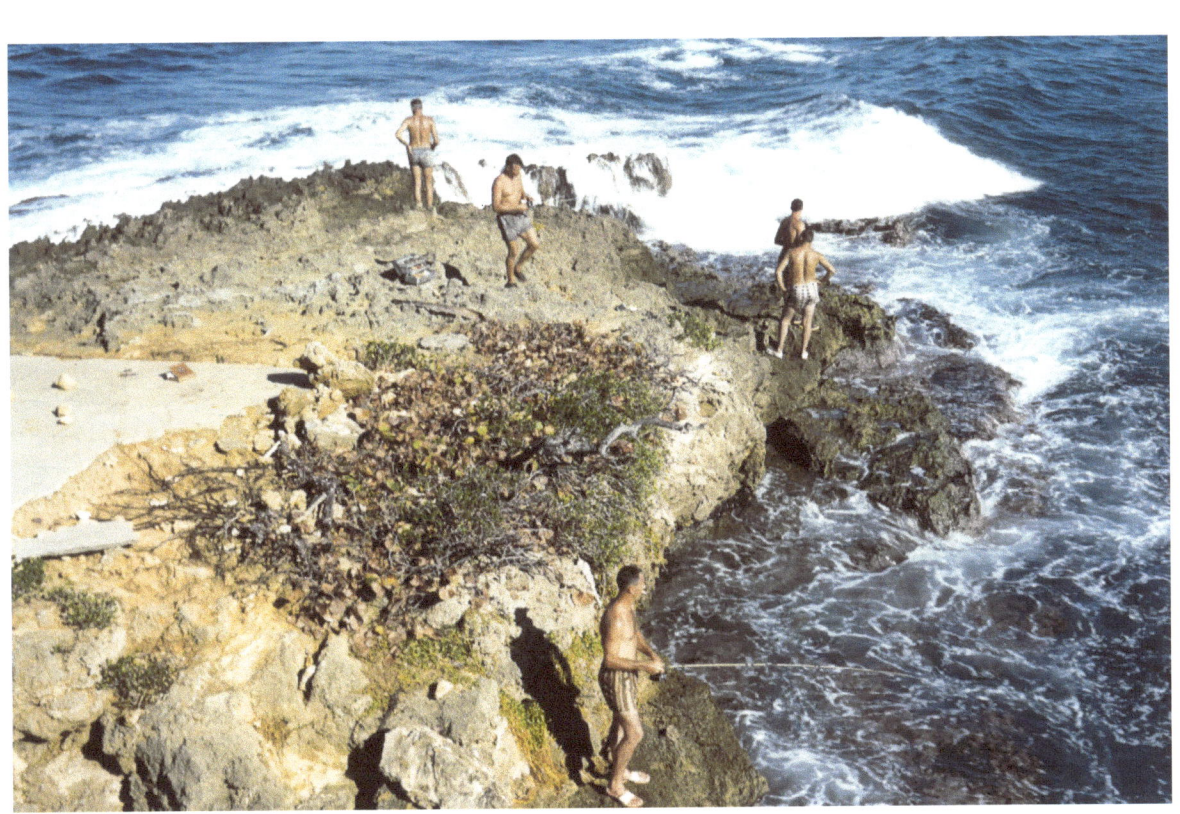

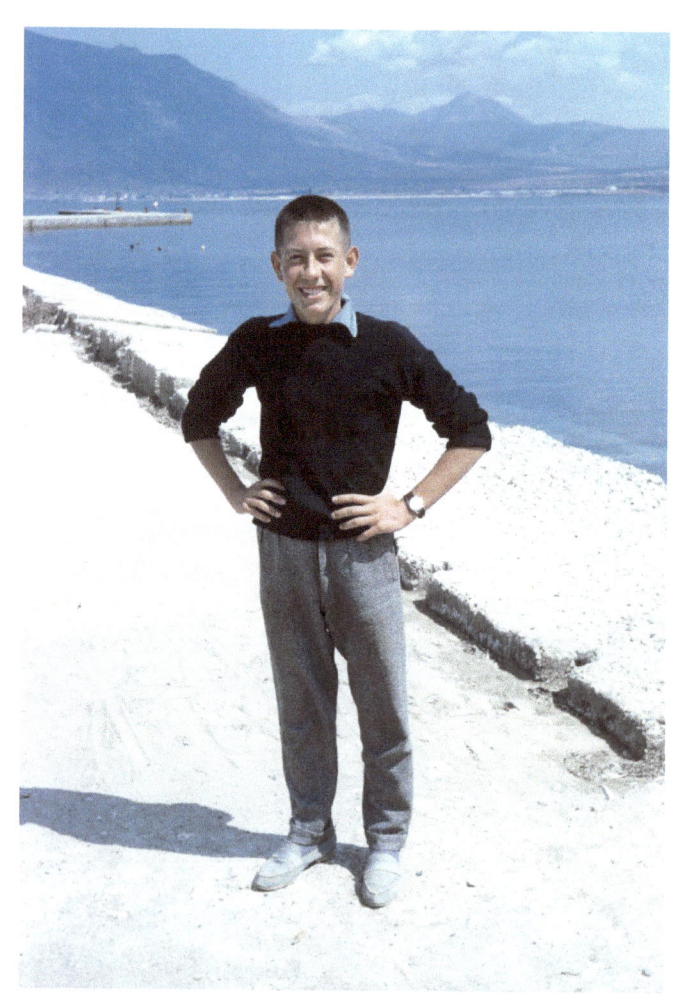

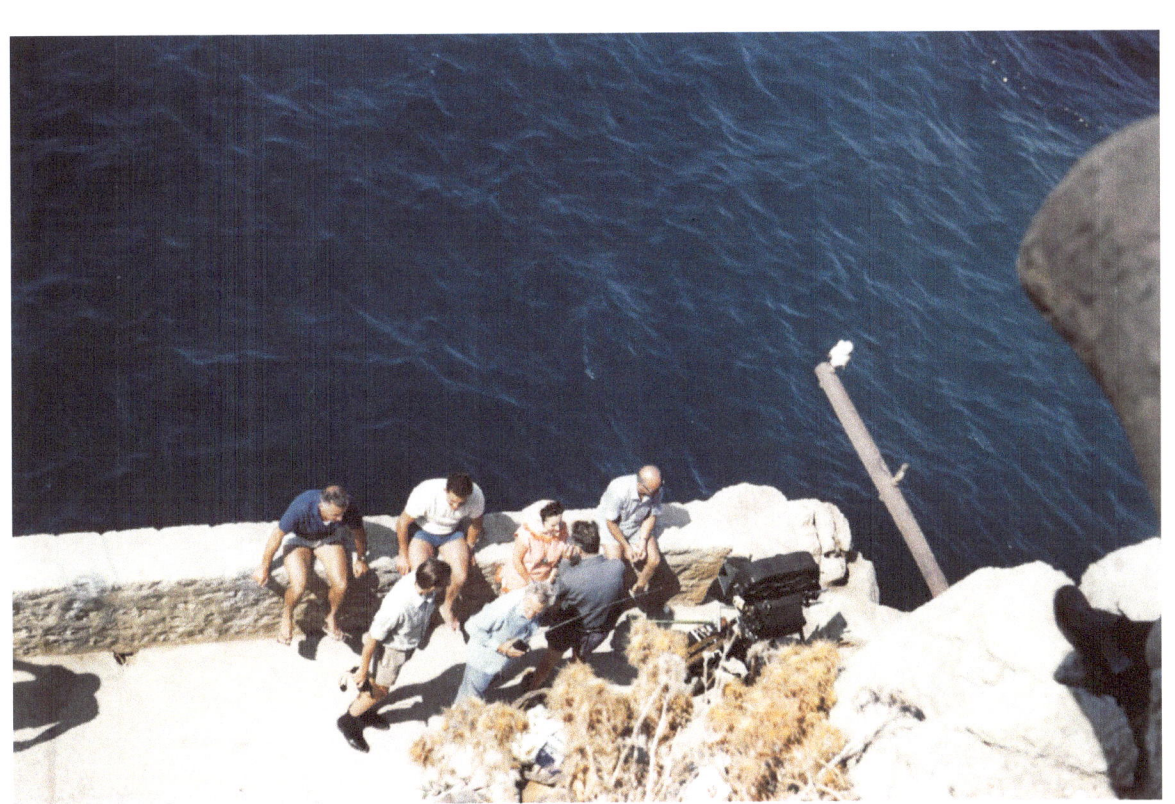

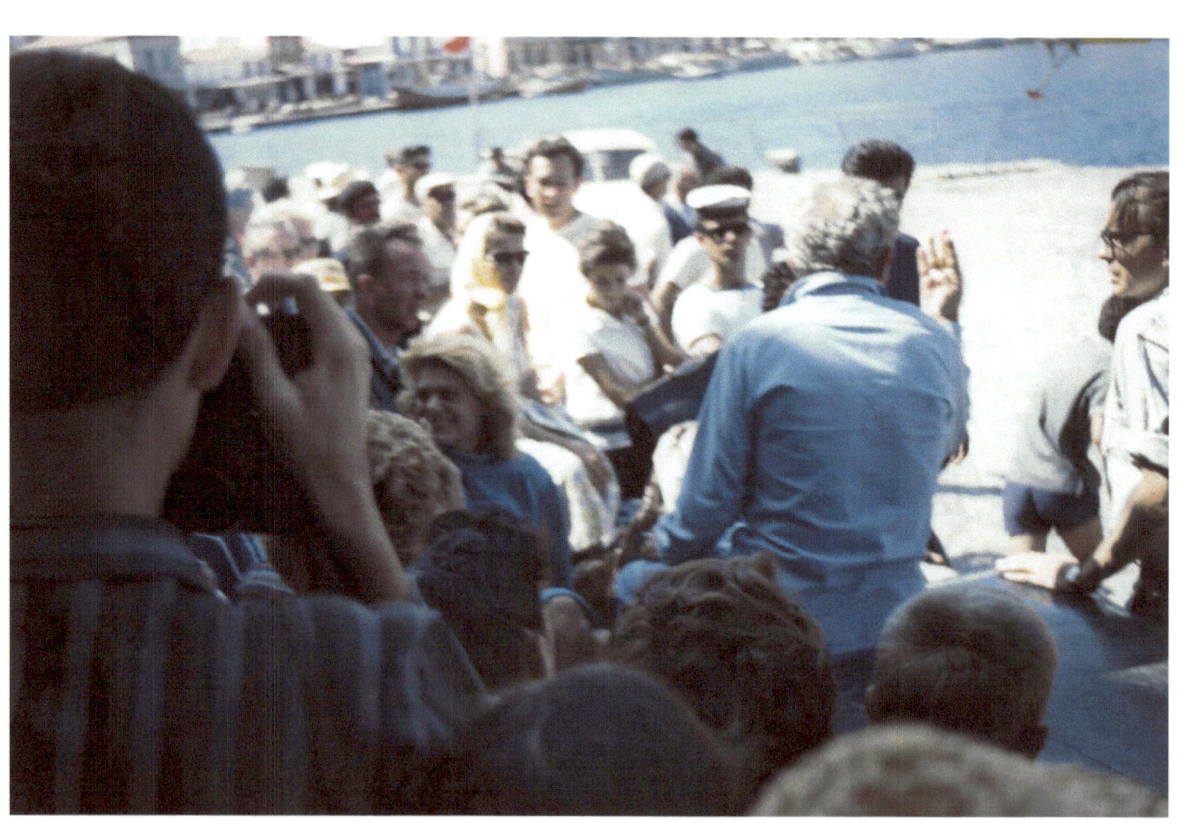

À LA PLAGE

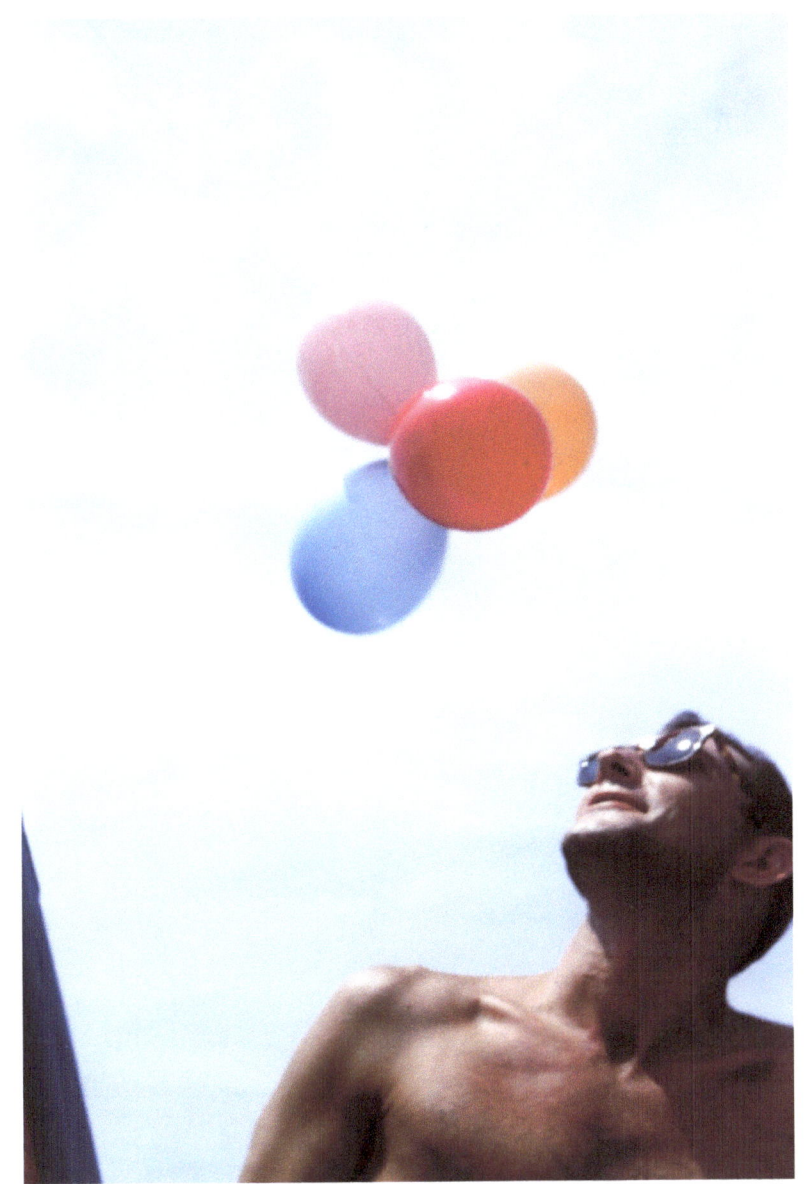

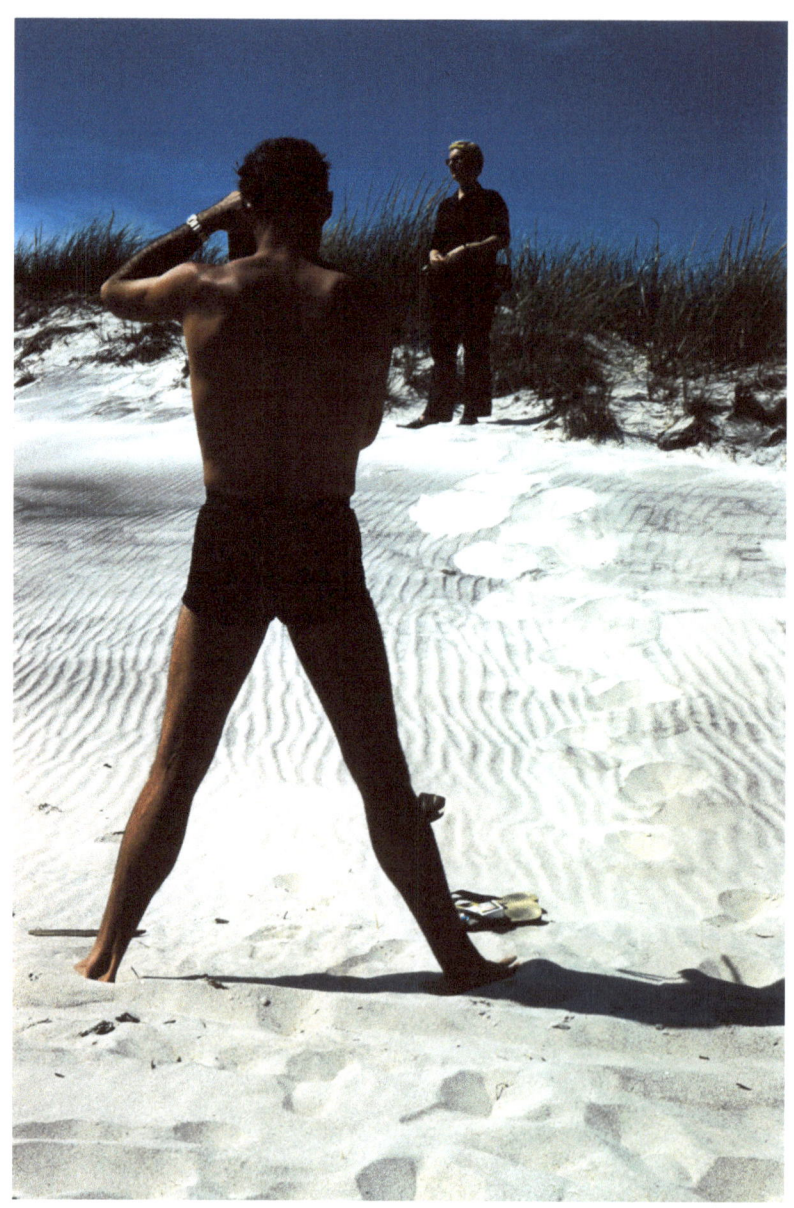

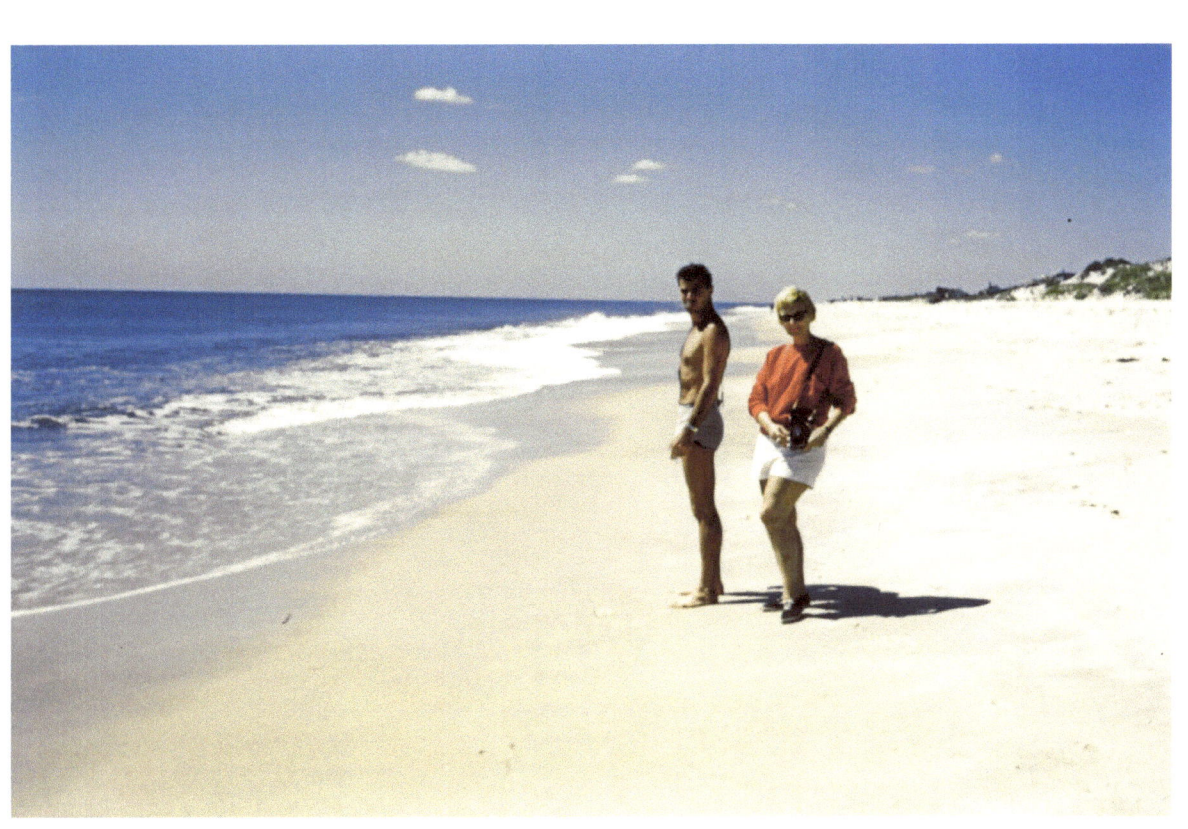

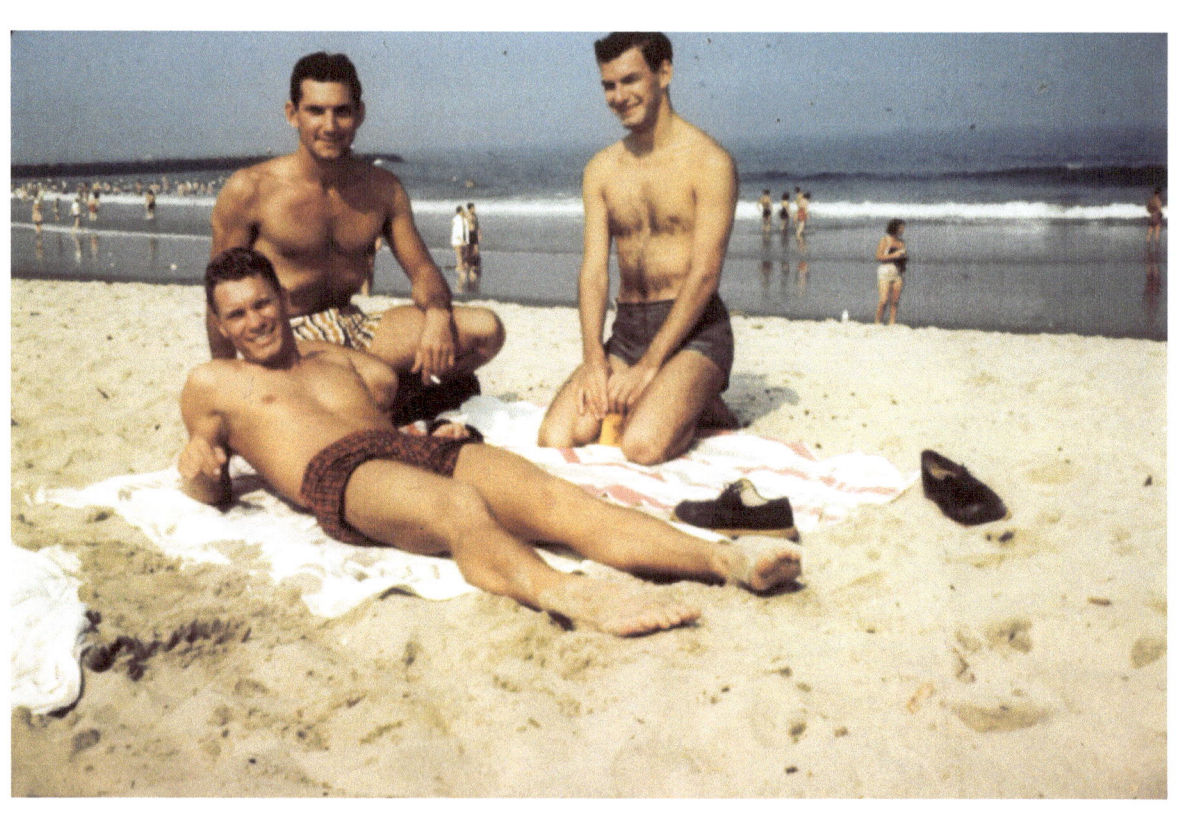

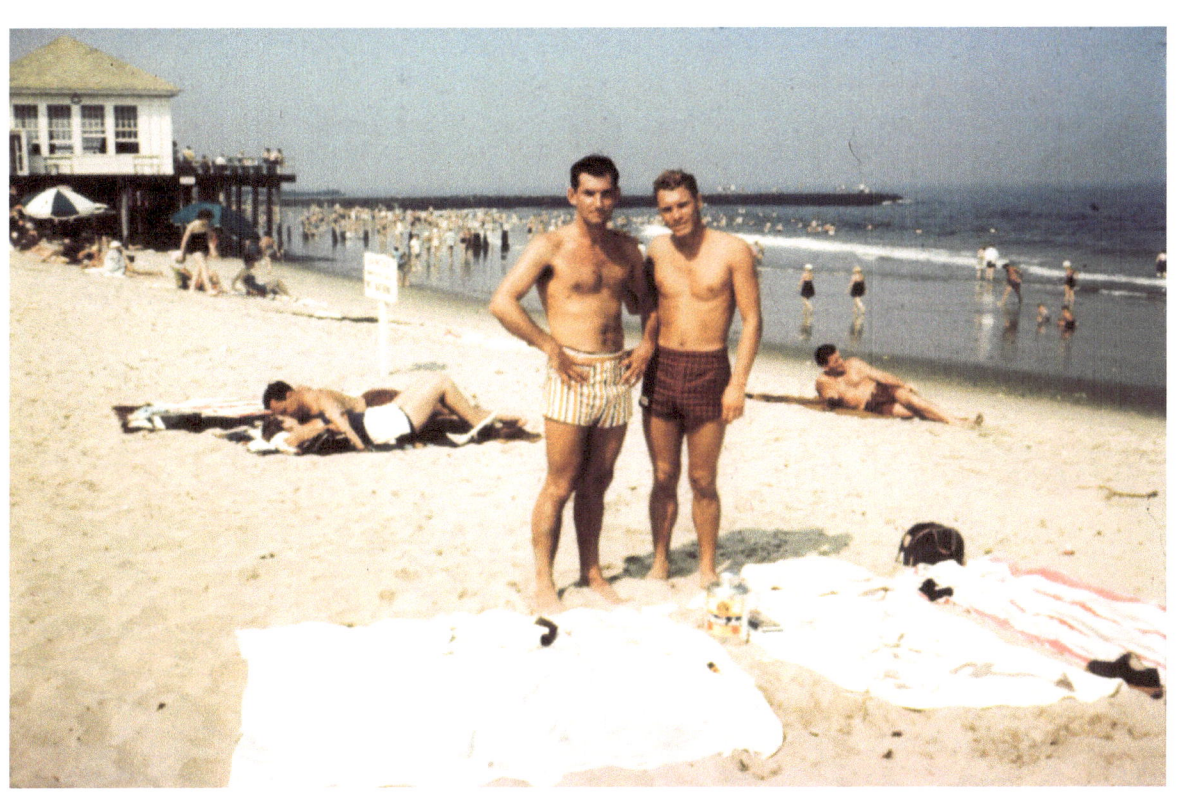

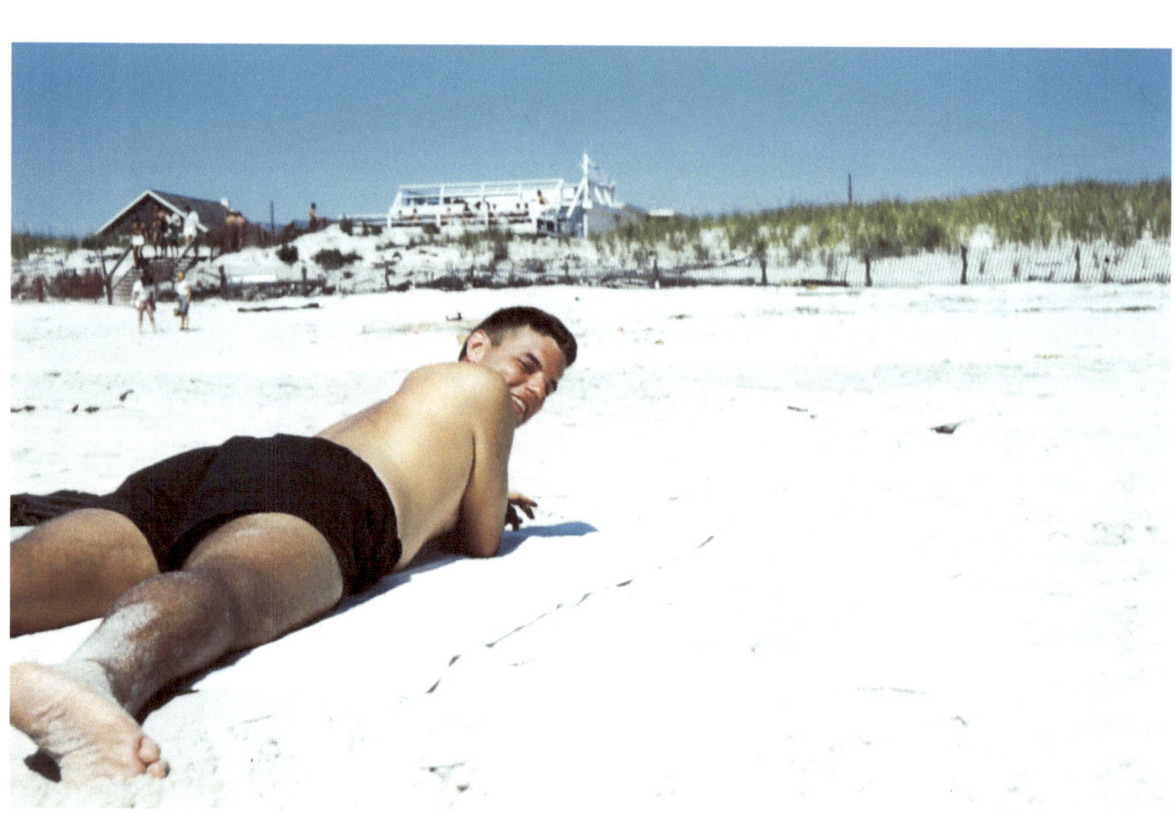

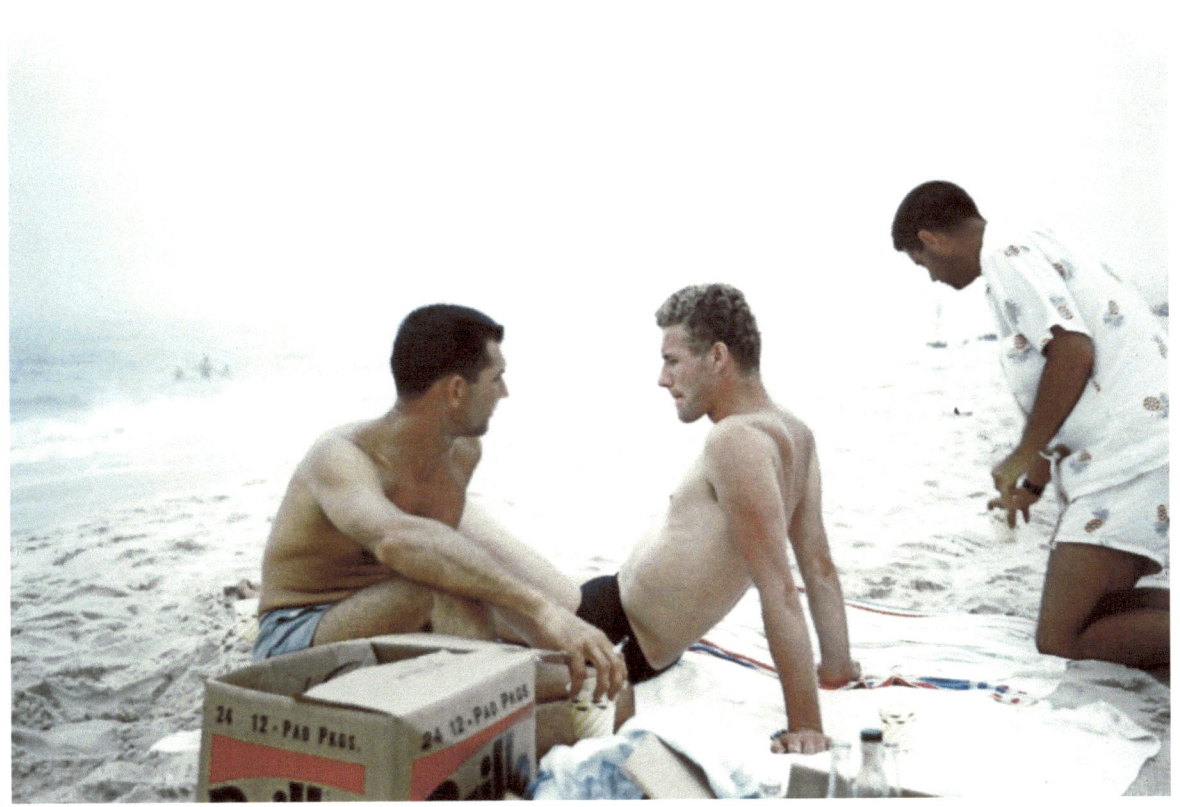

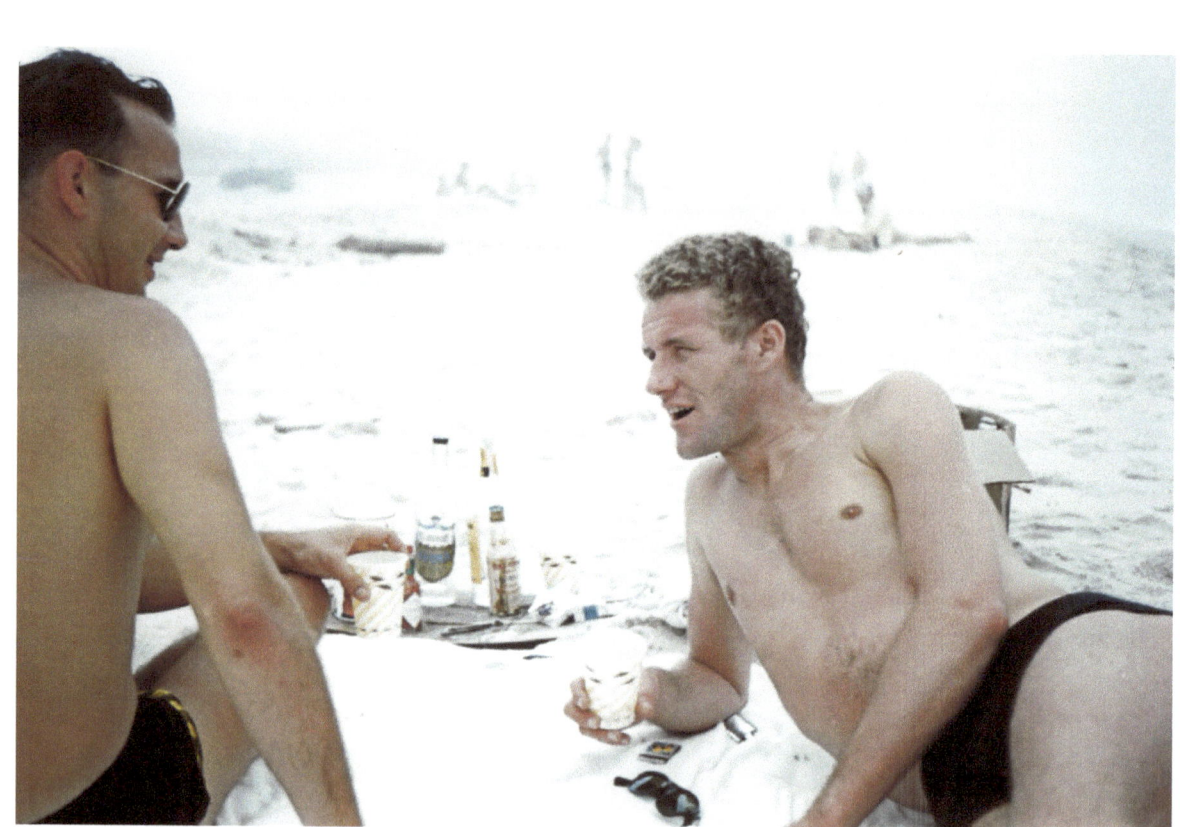

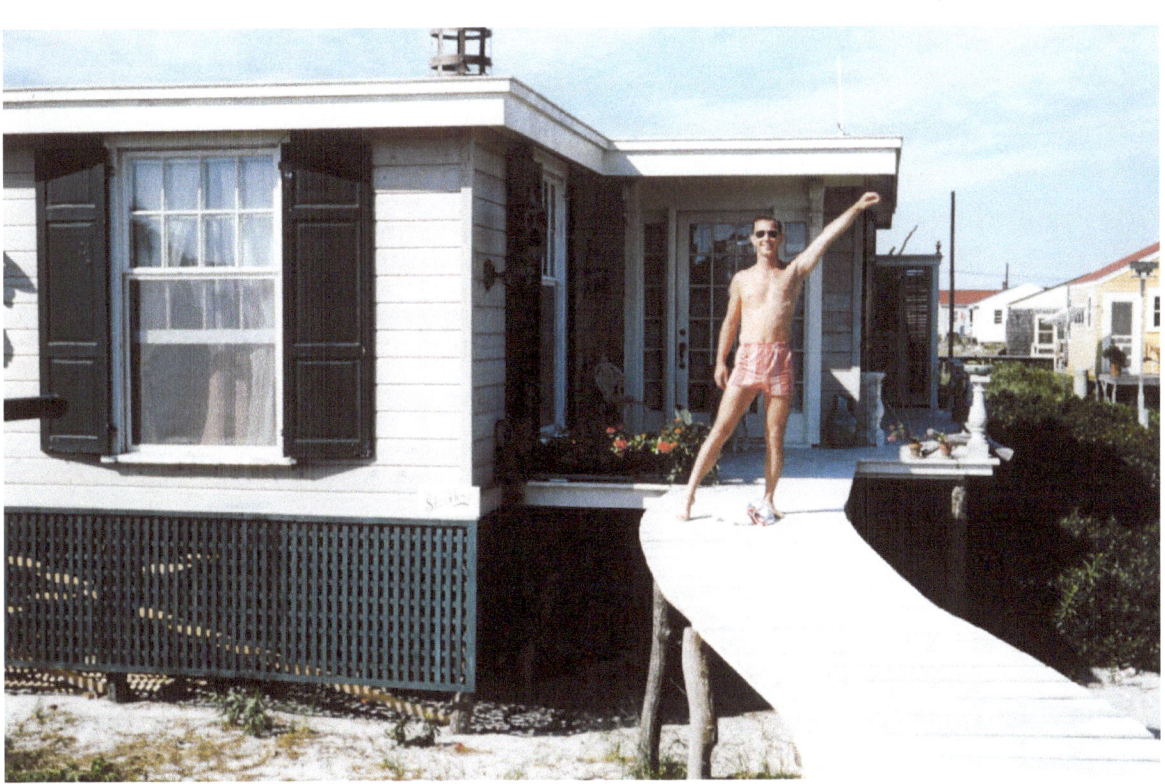

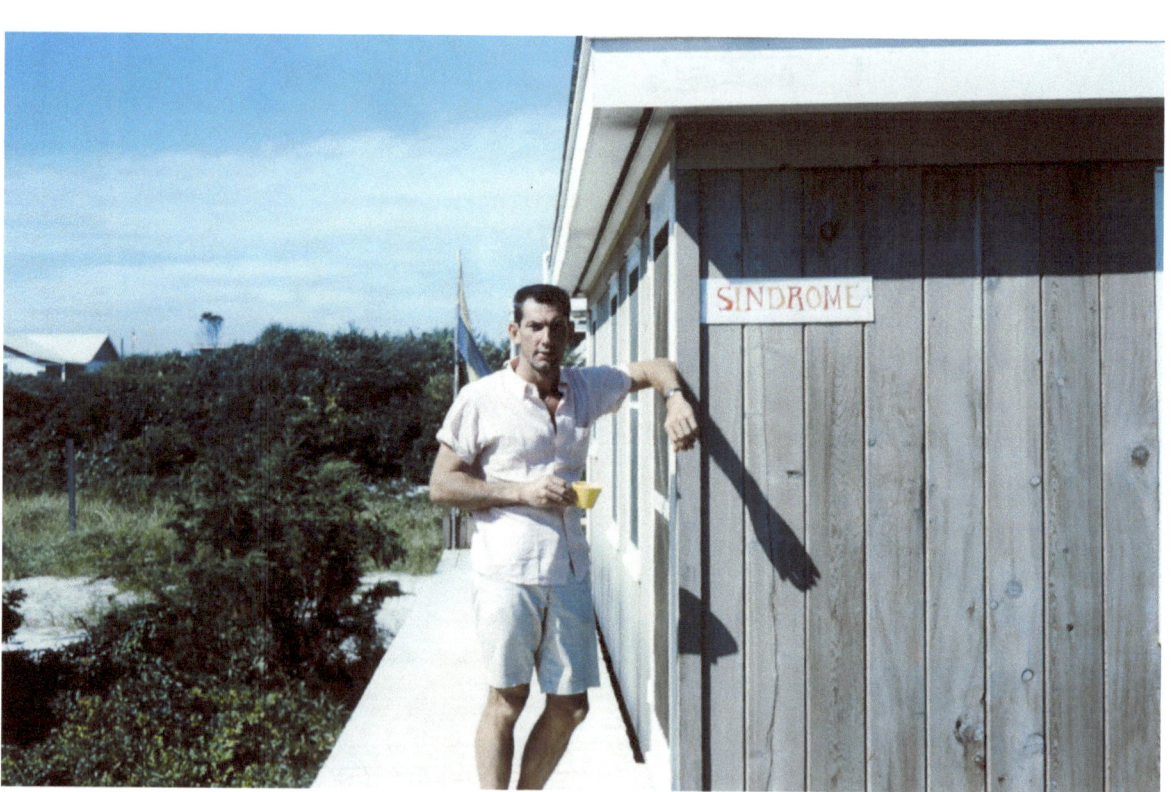

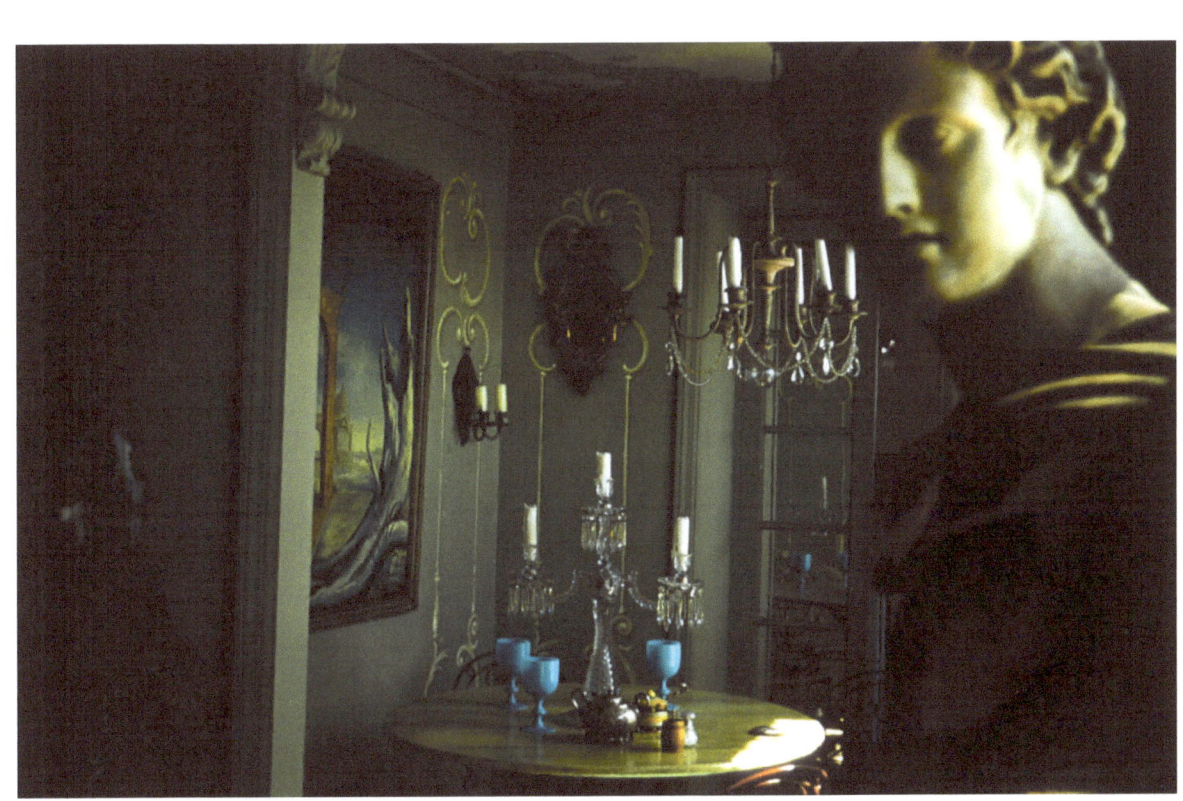

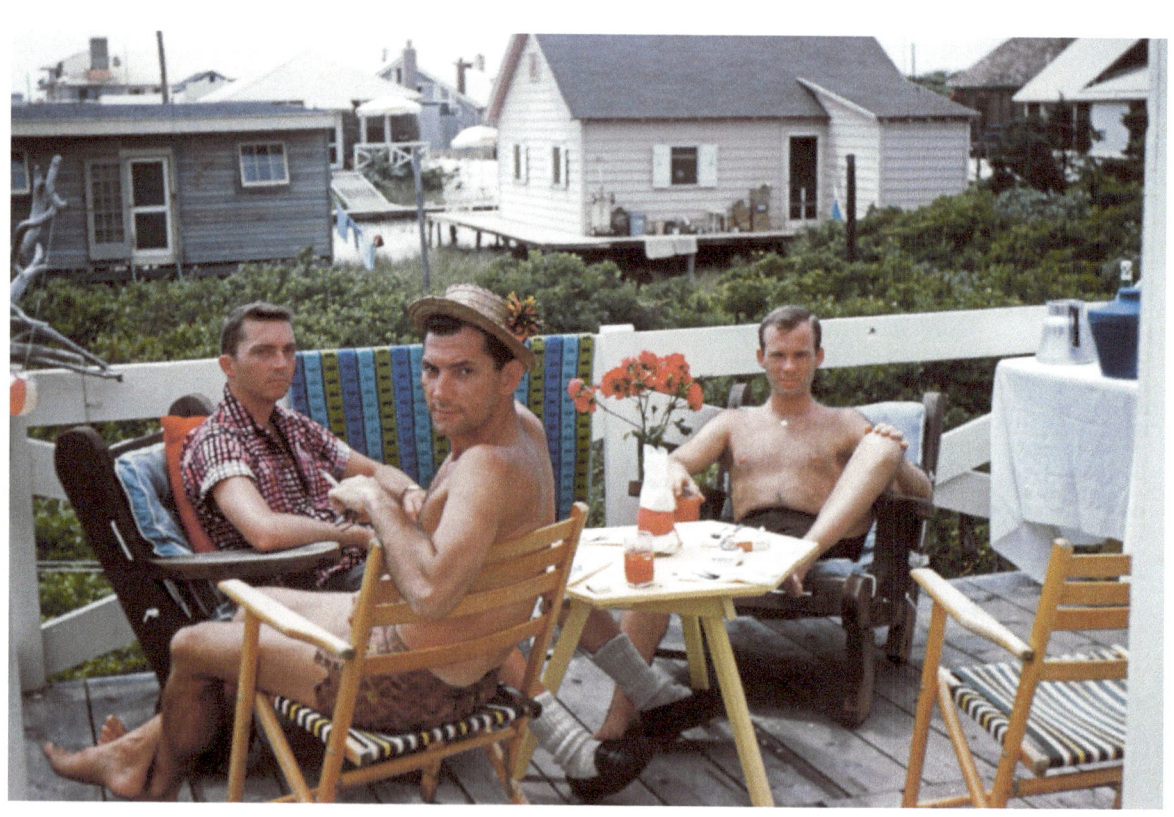

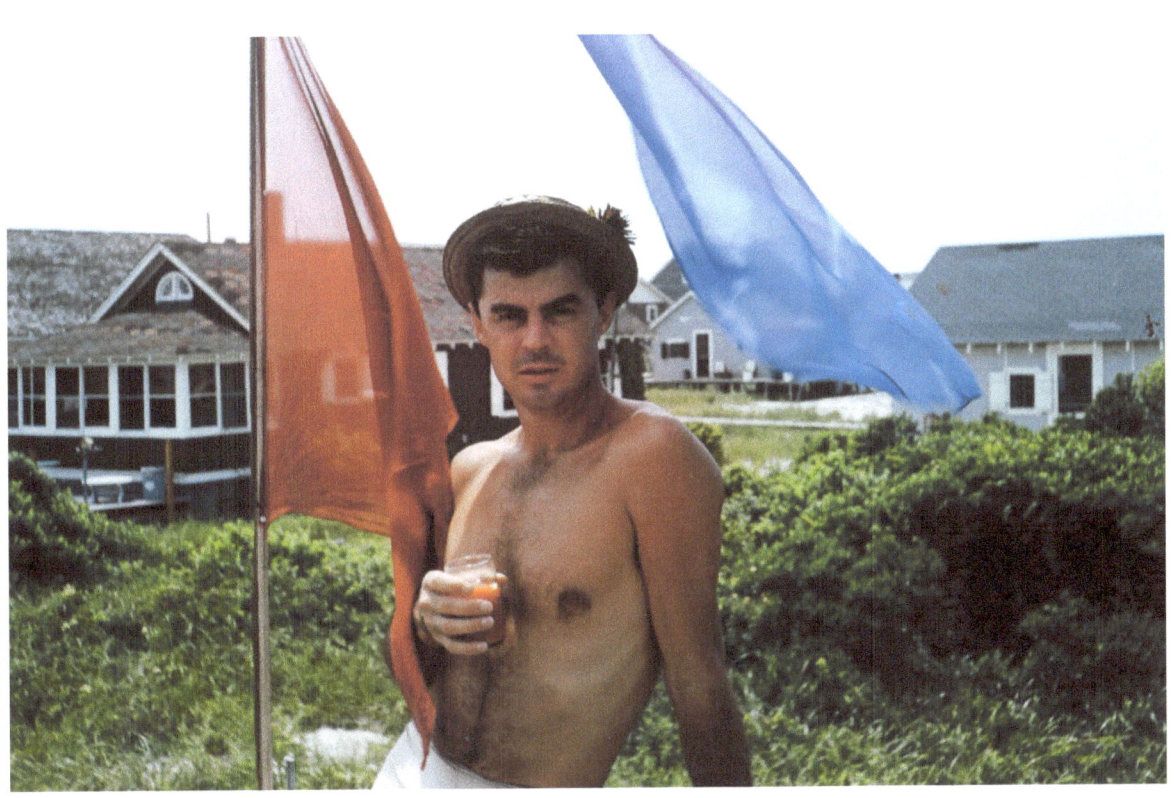

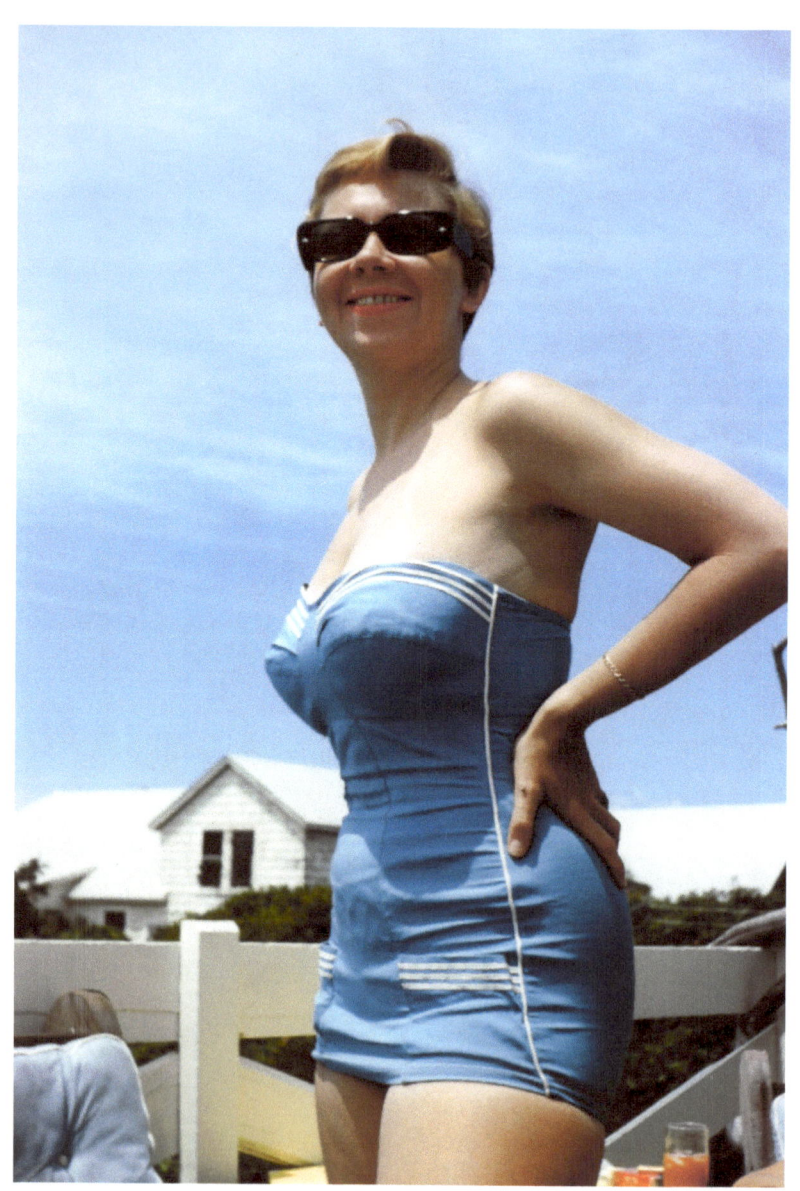

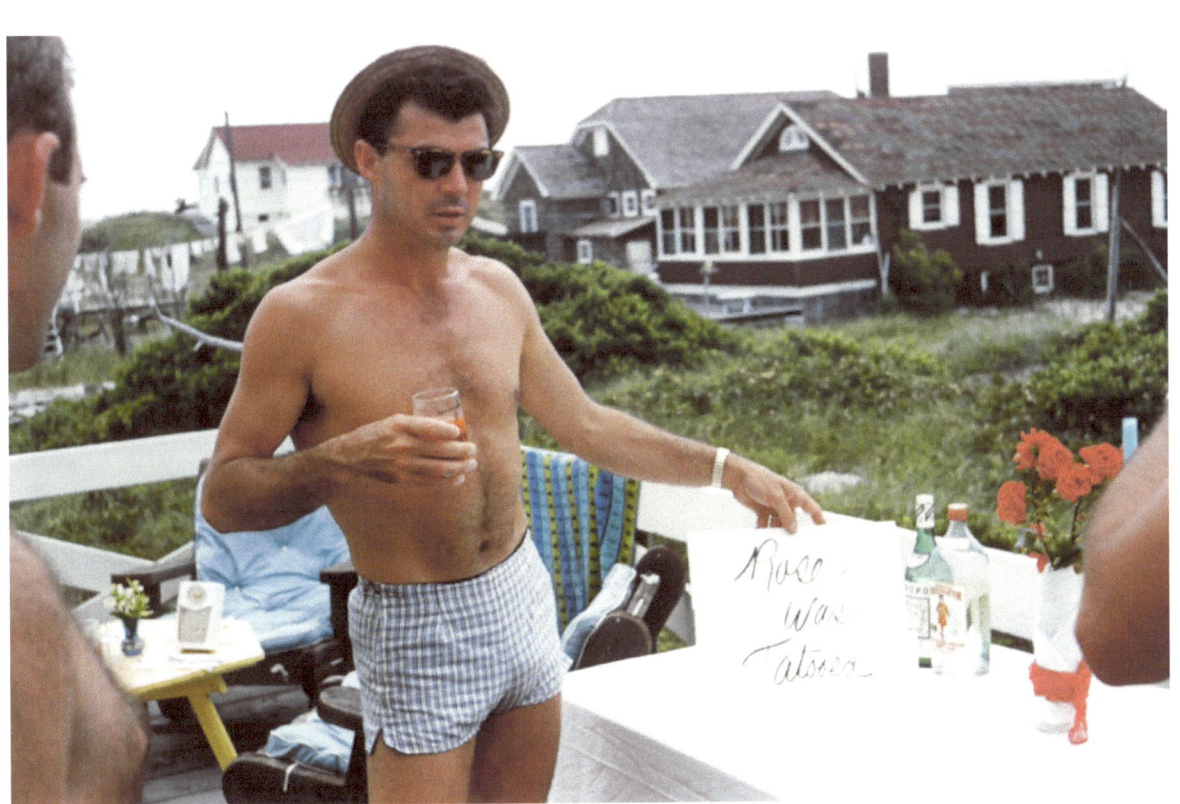

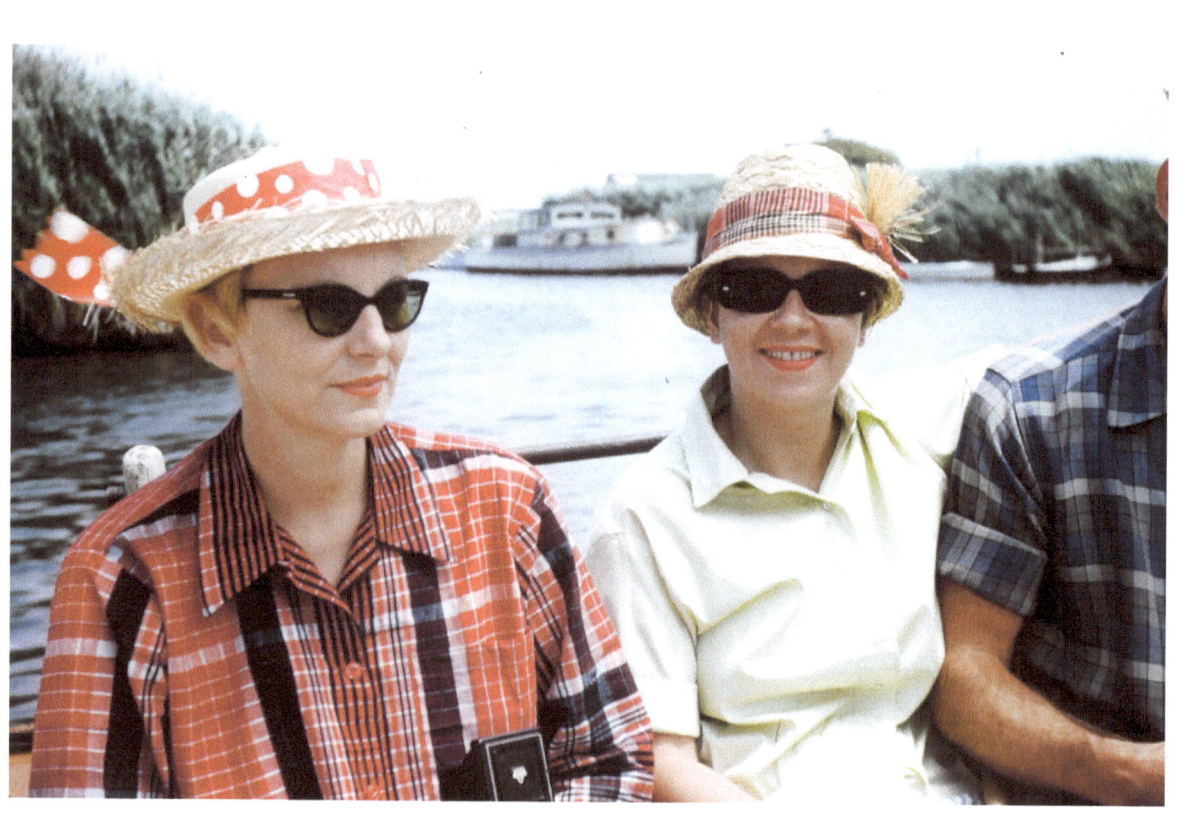

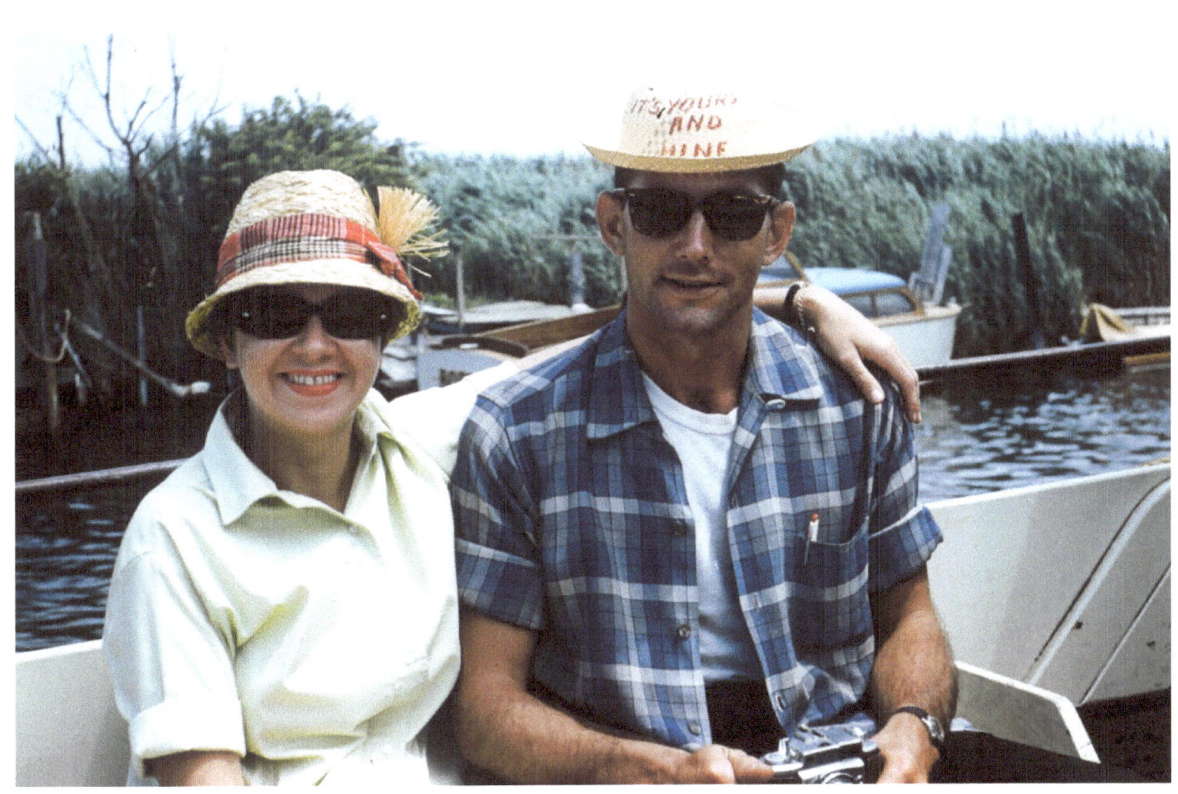

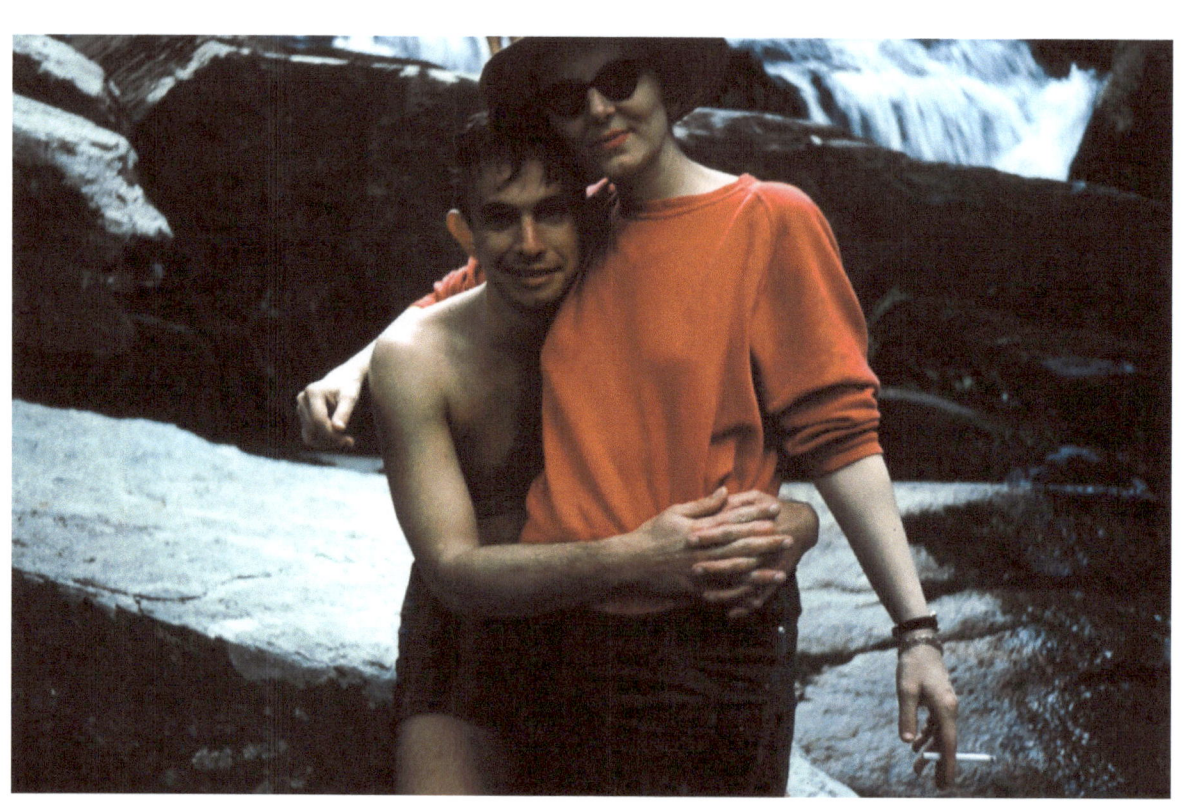

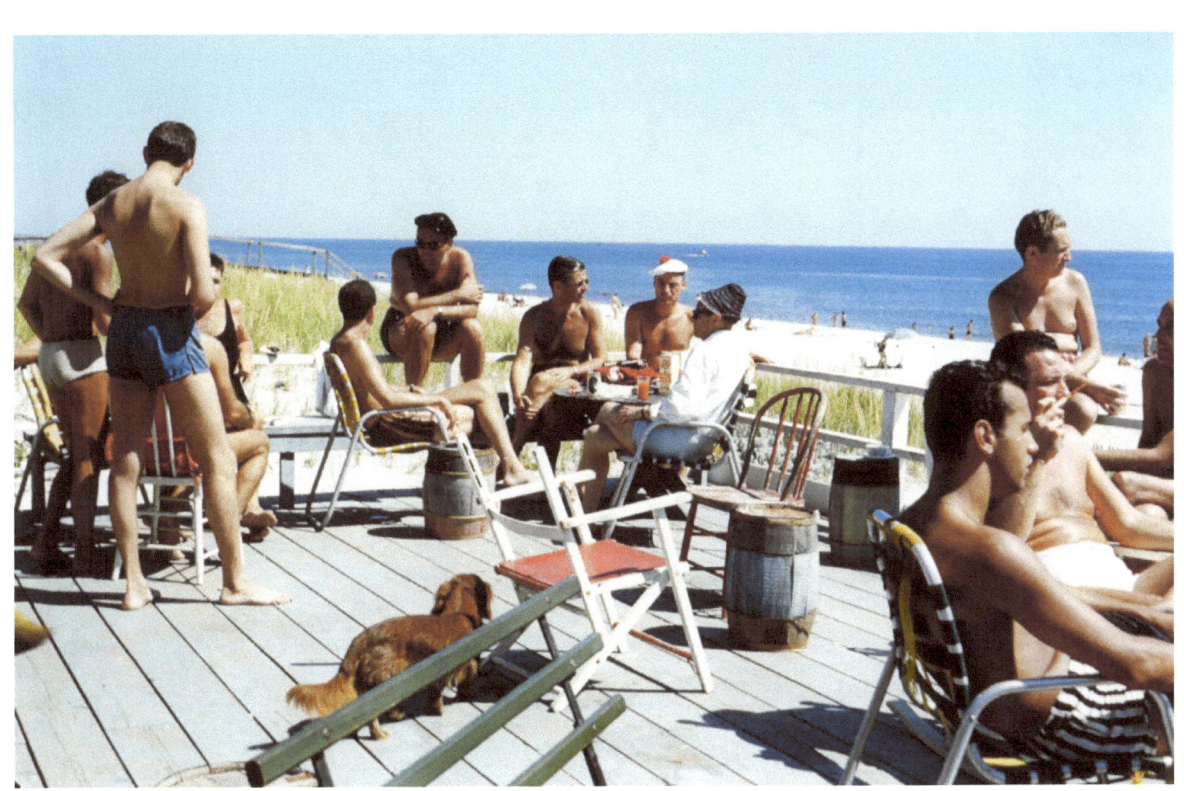

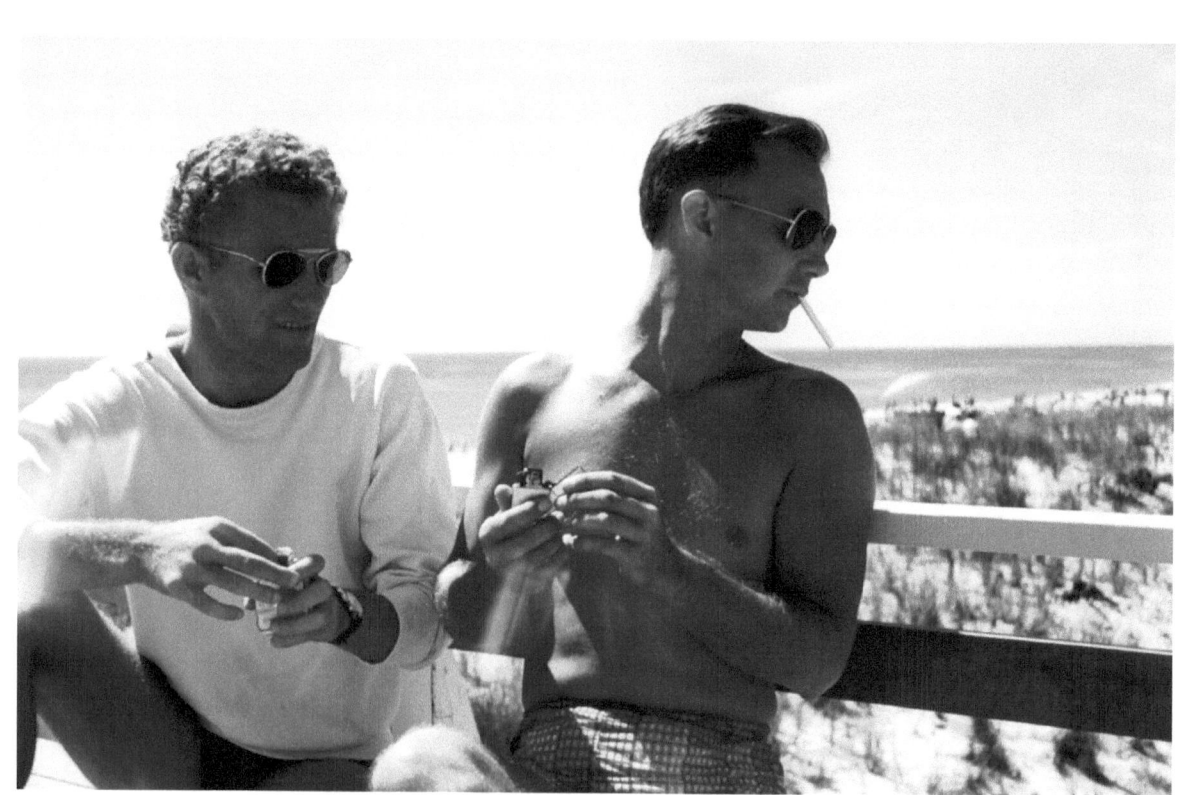

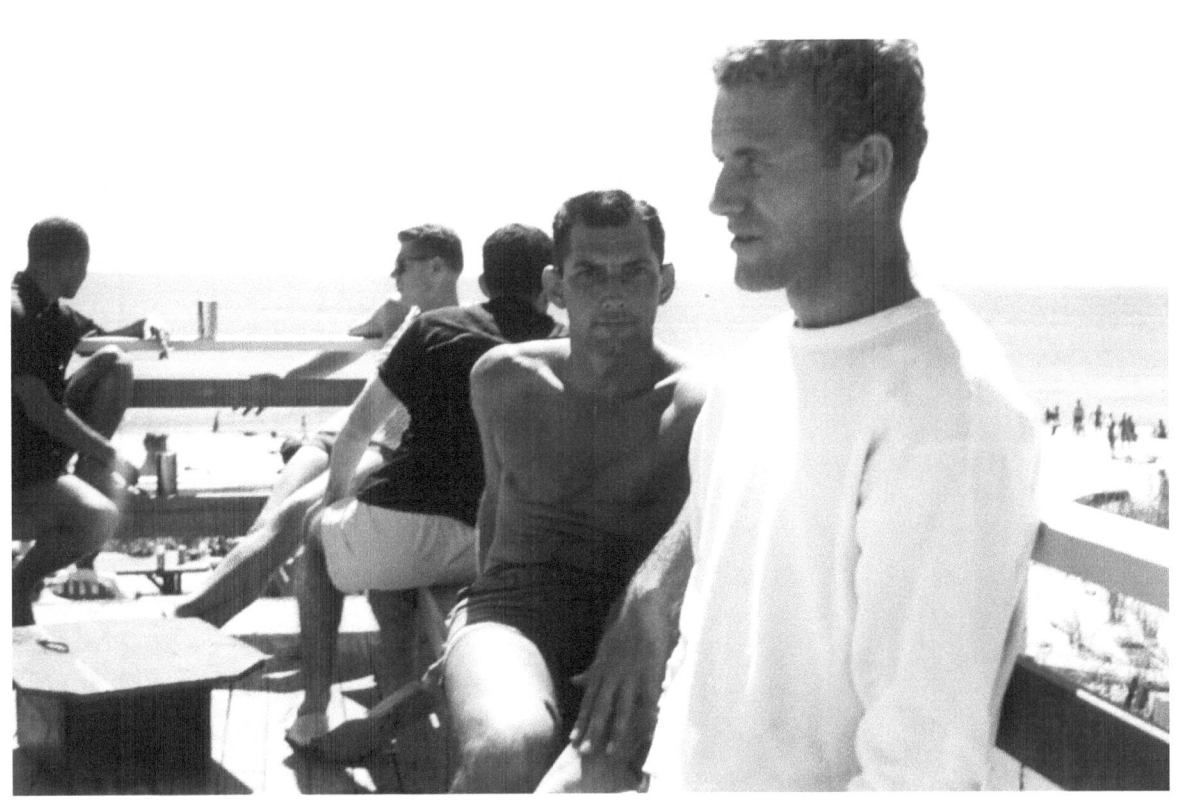

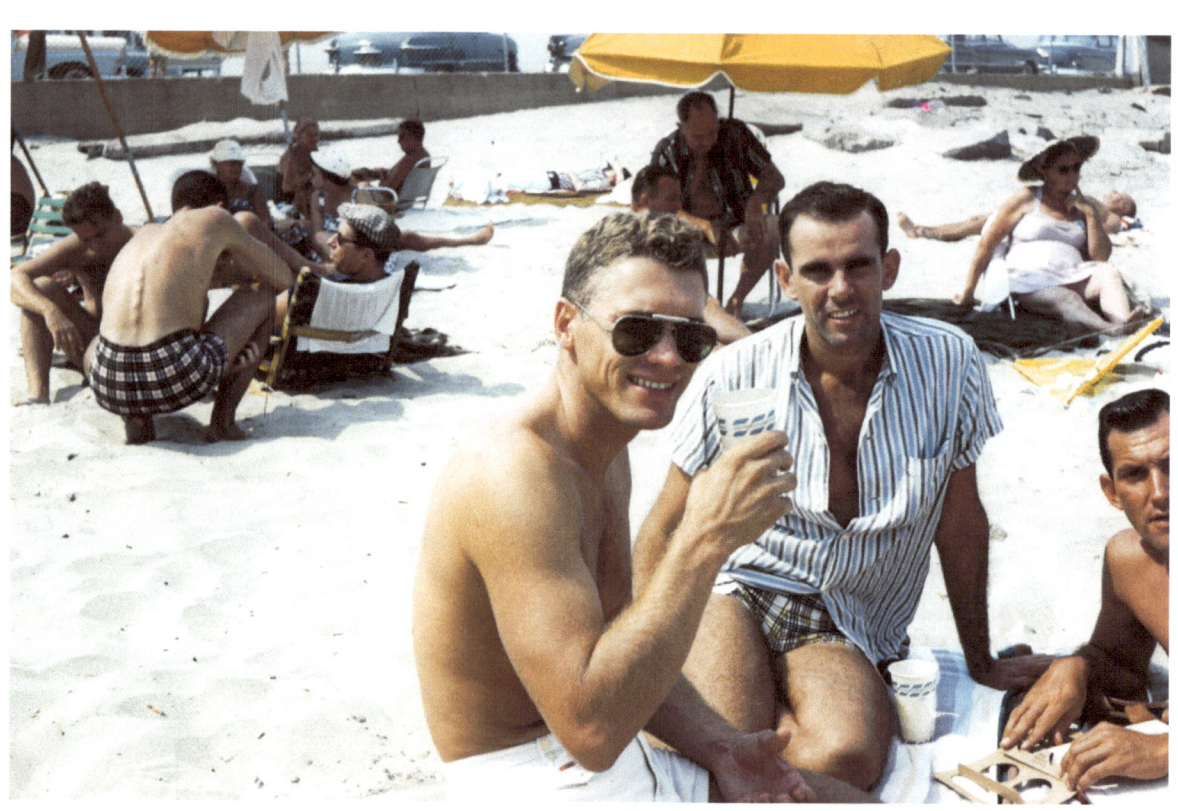

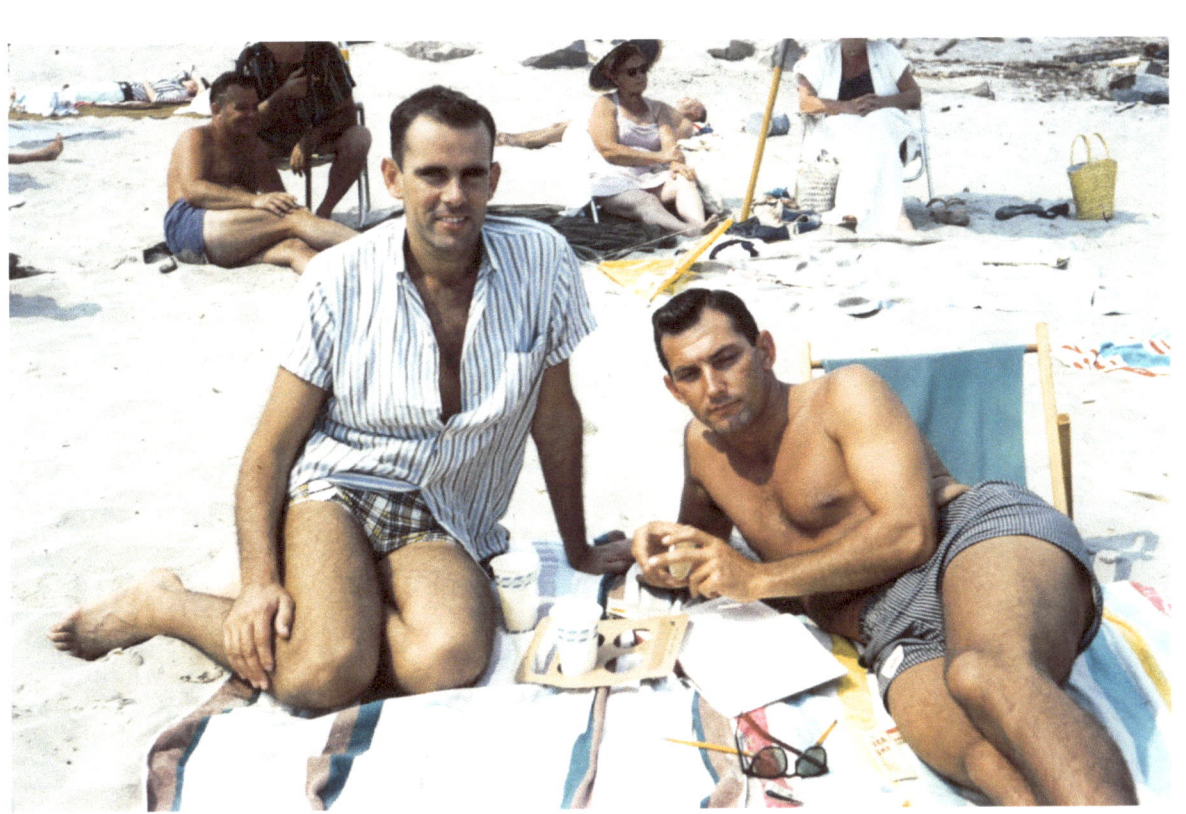

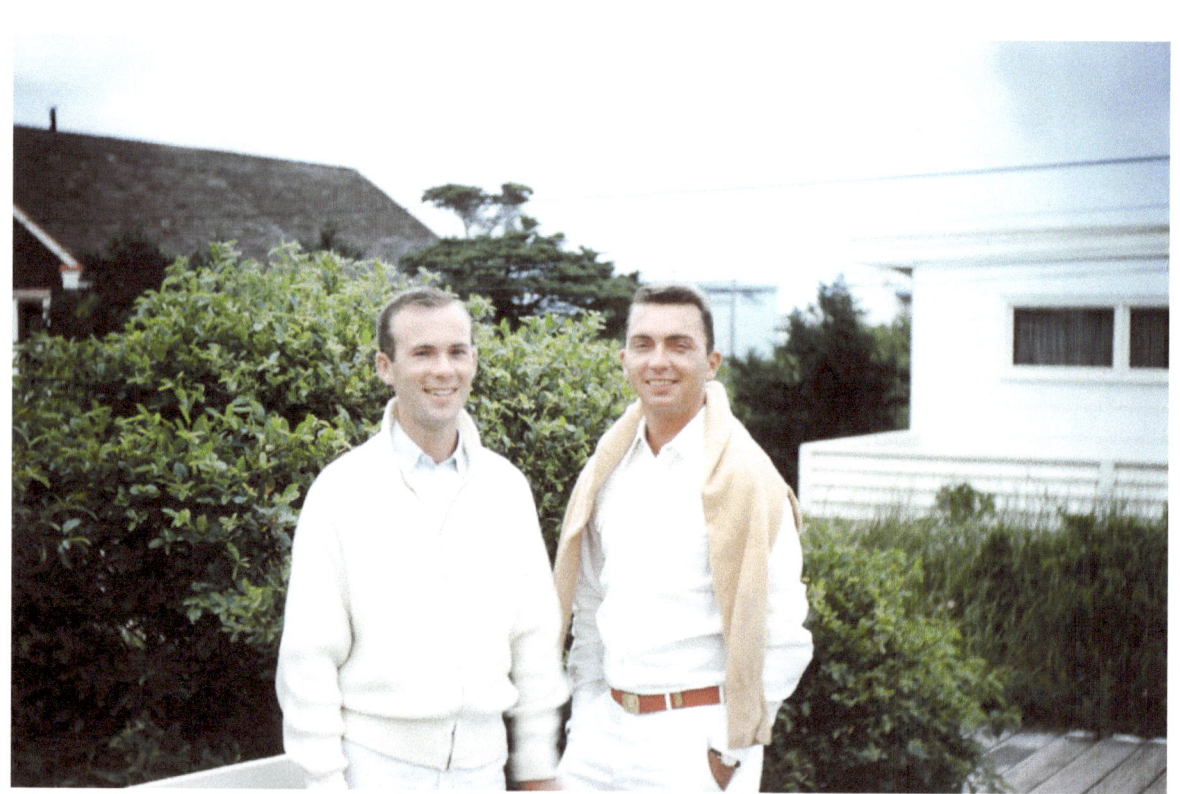

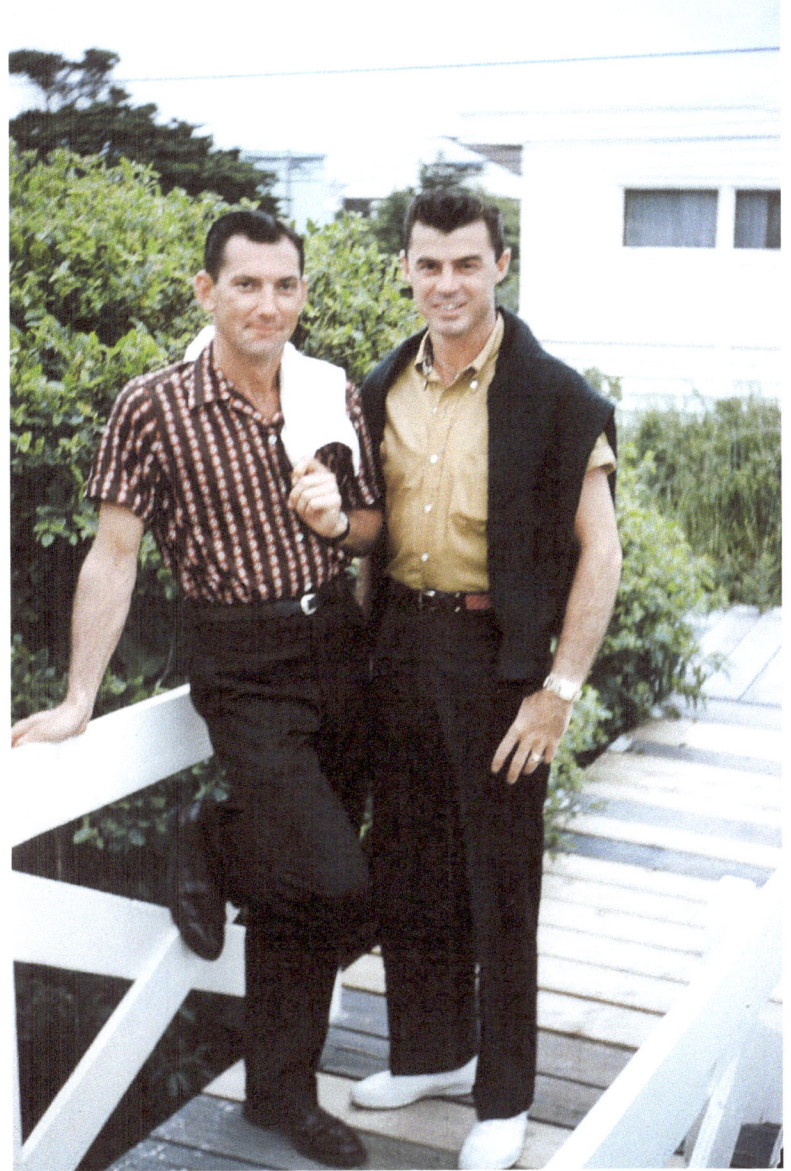

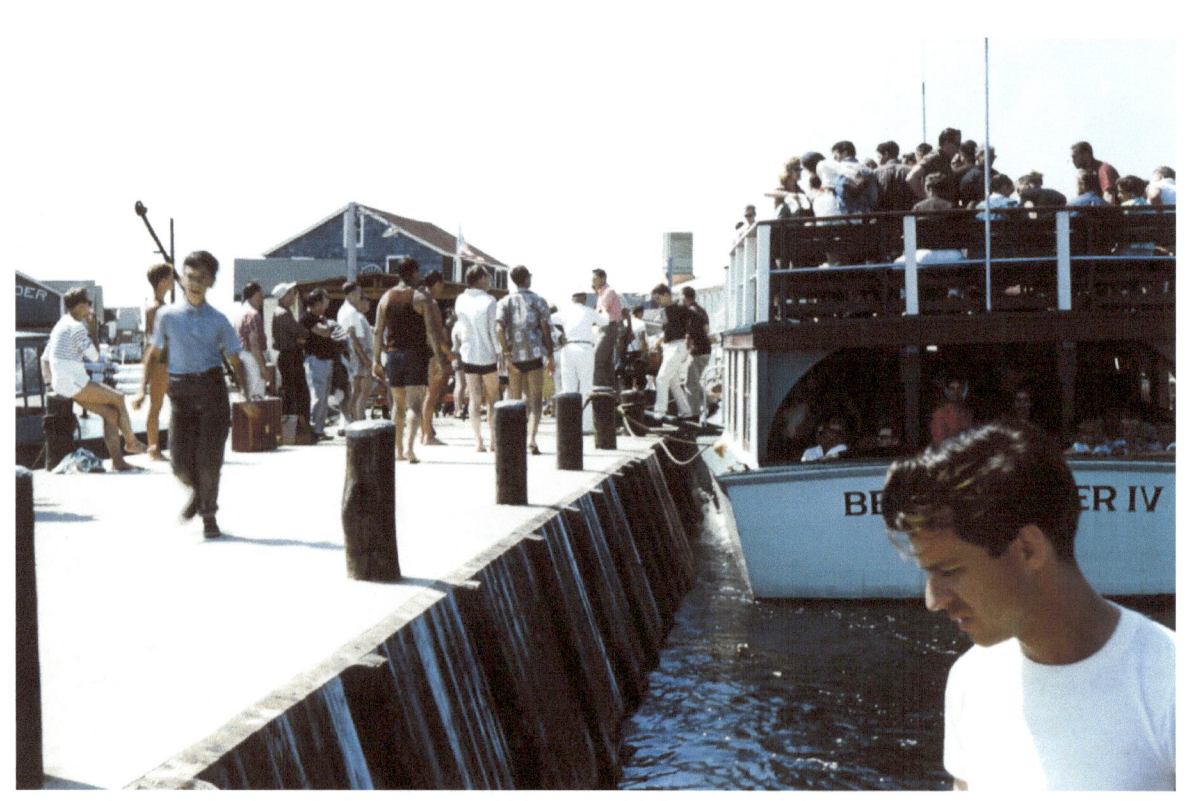

LE TOURNAGE
DE « RAIN »

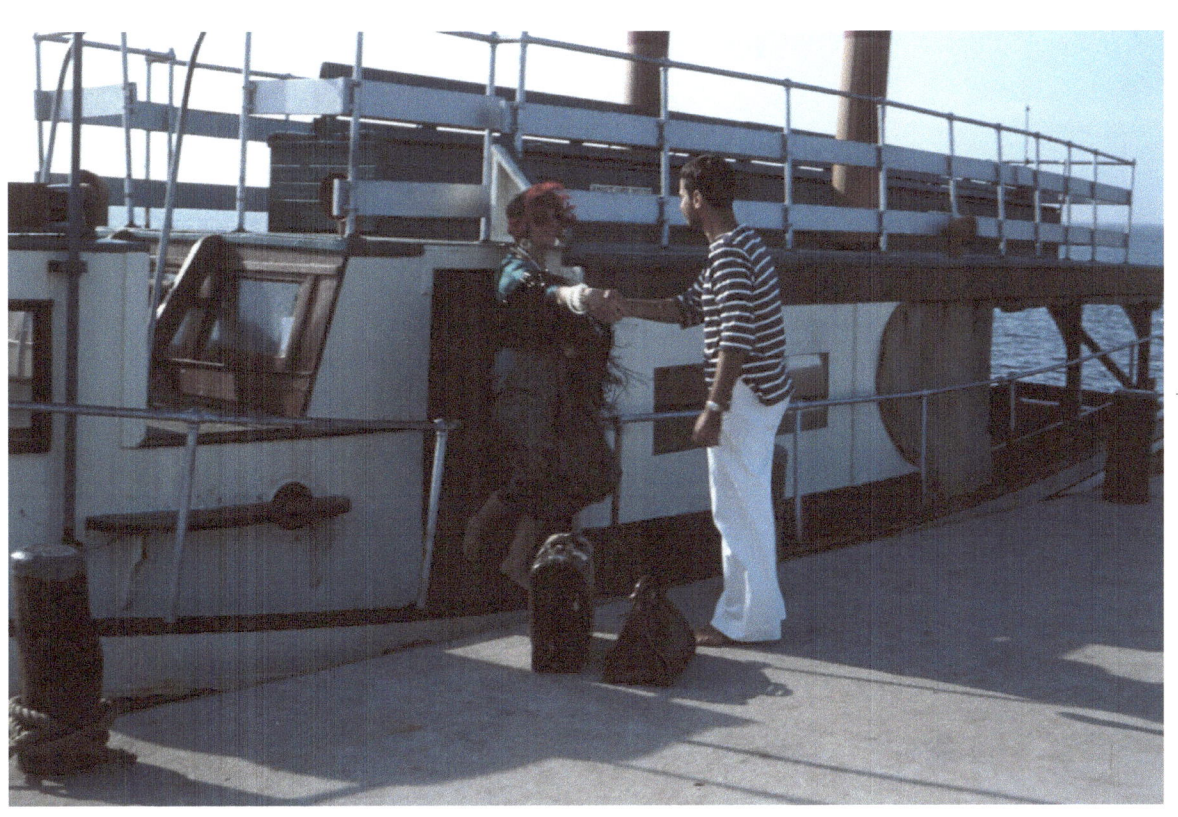

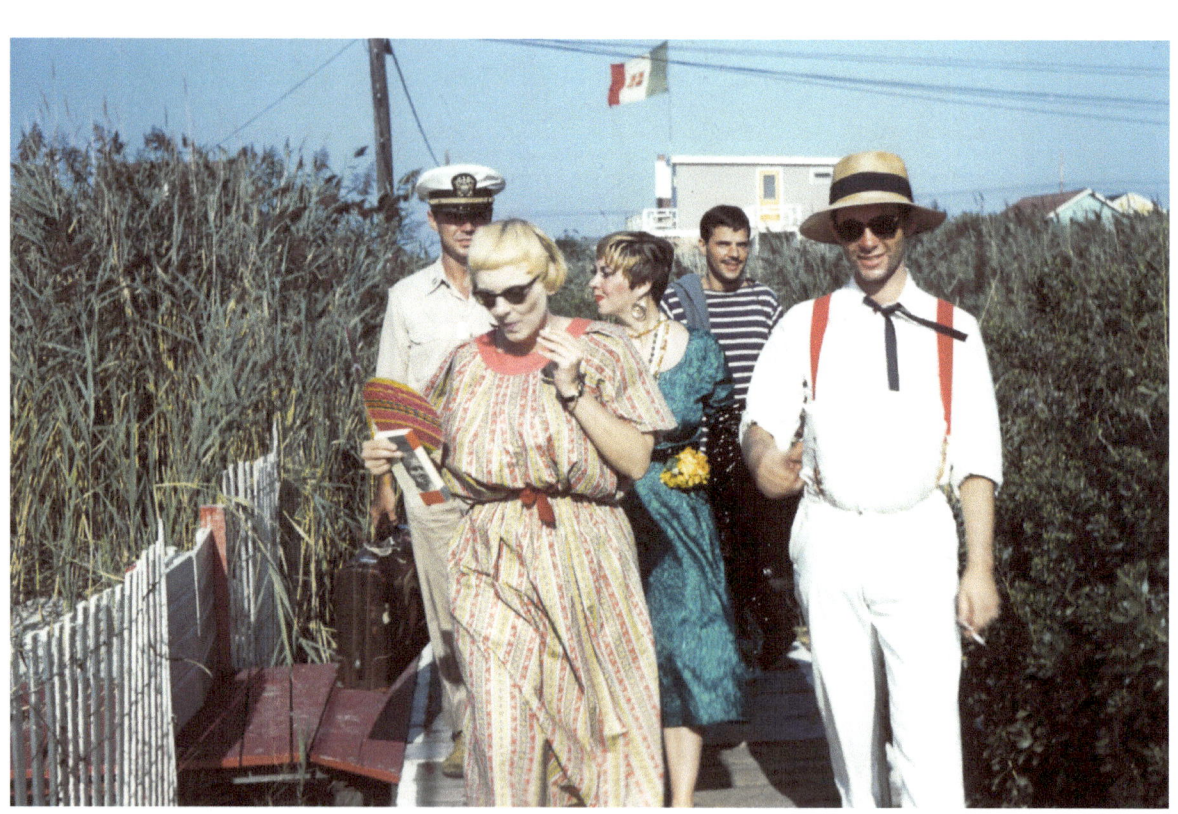

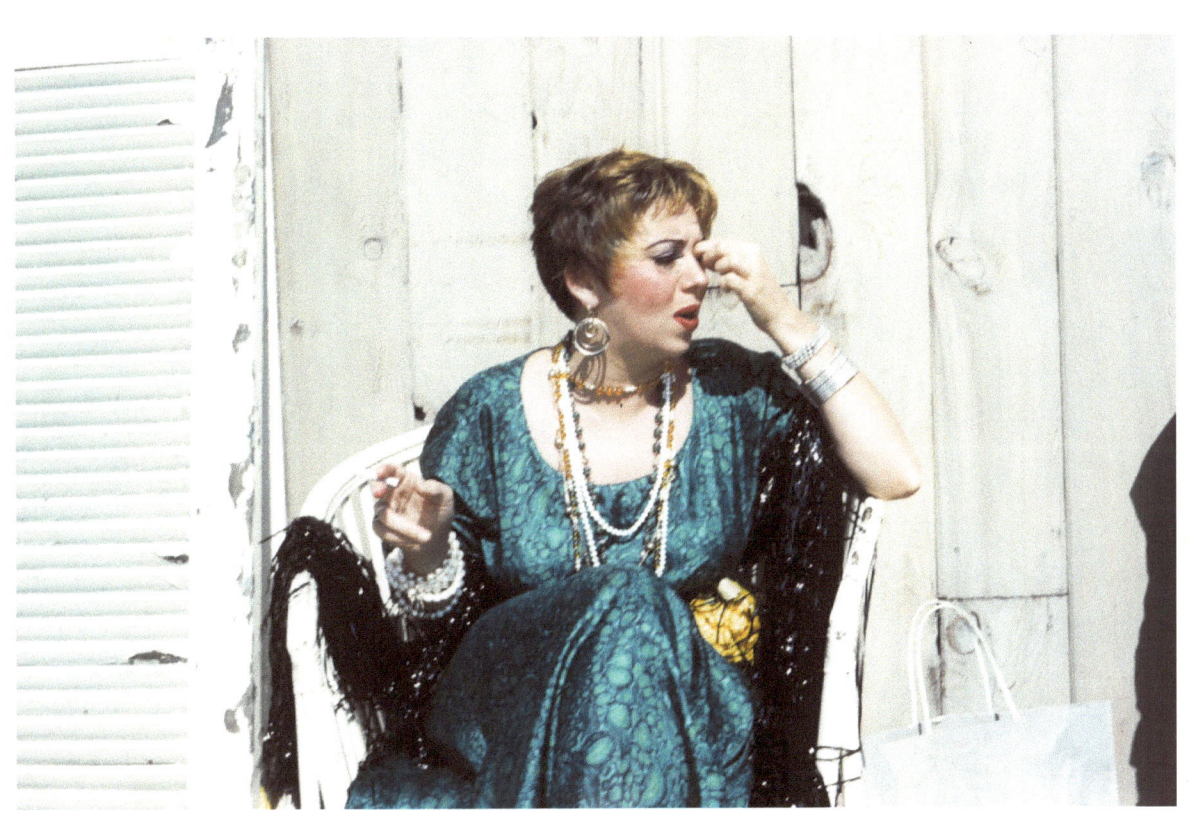

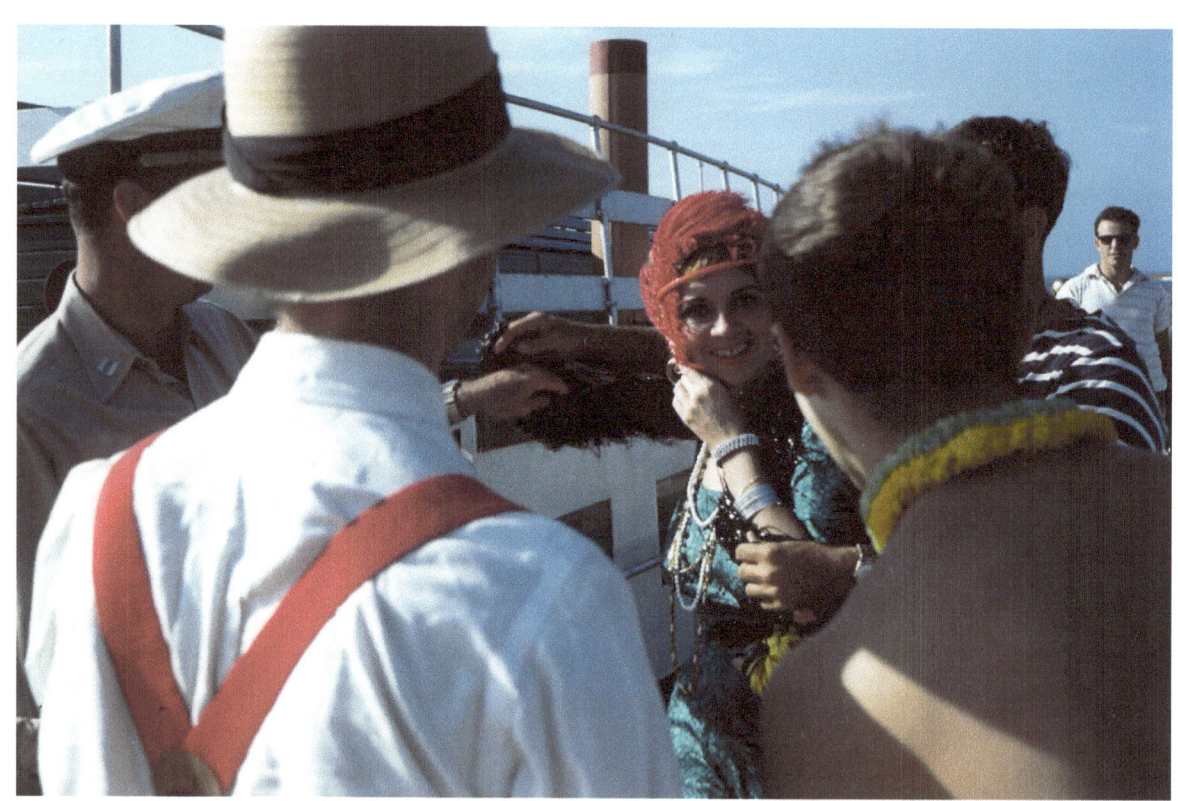

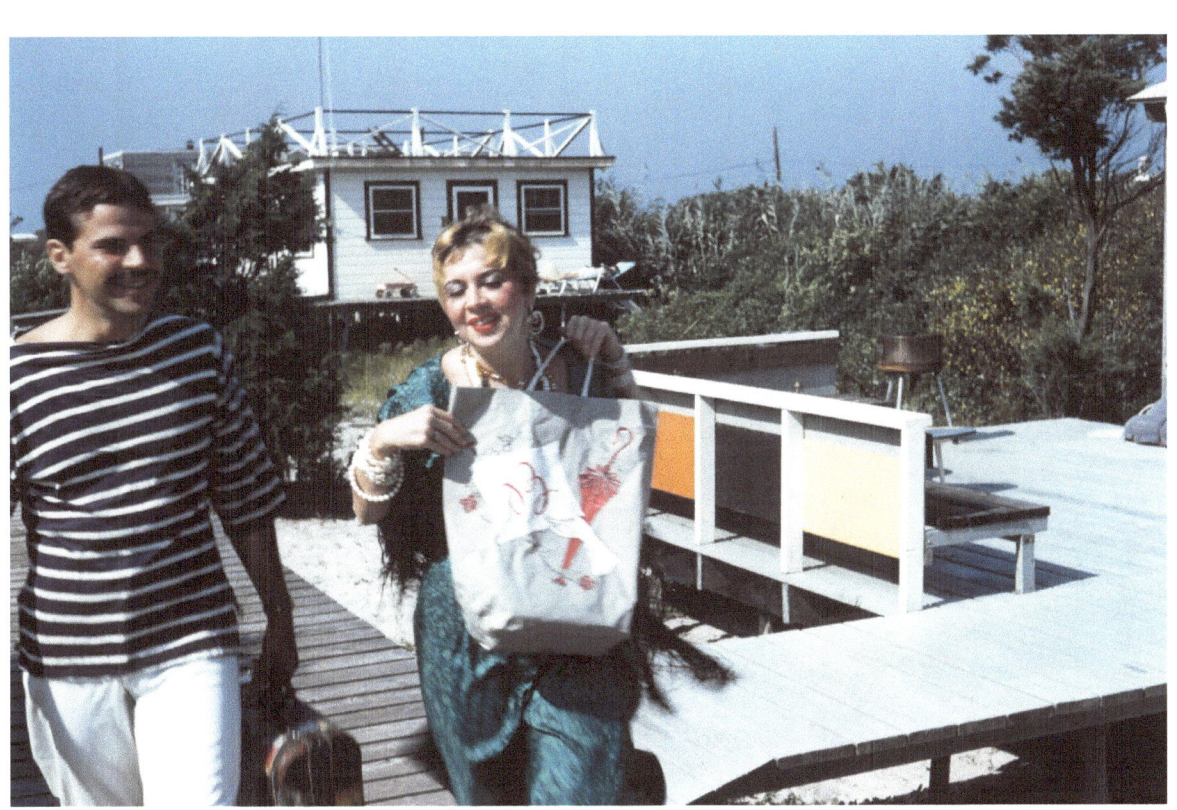

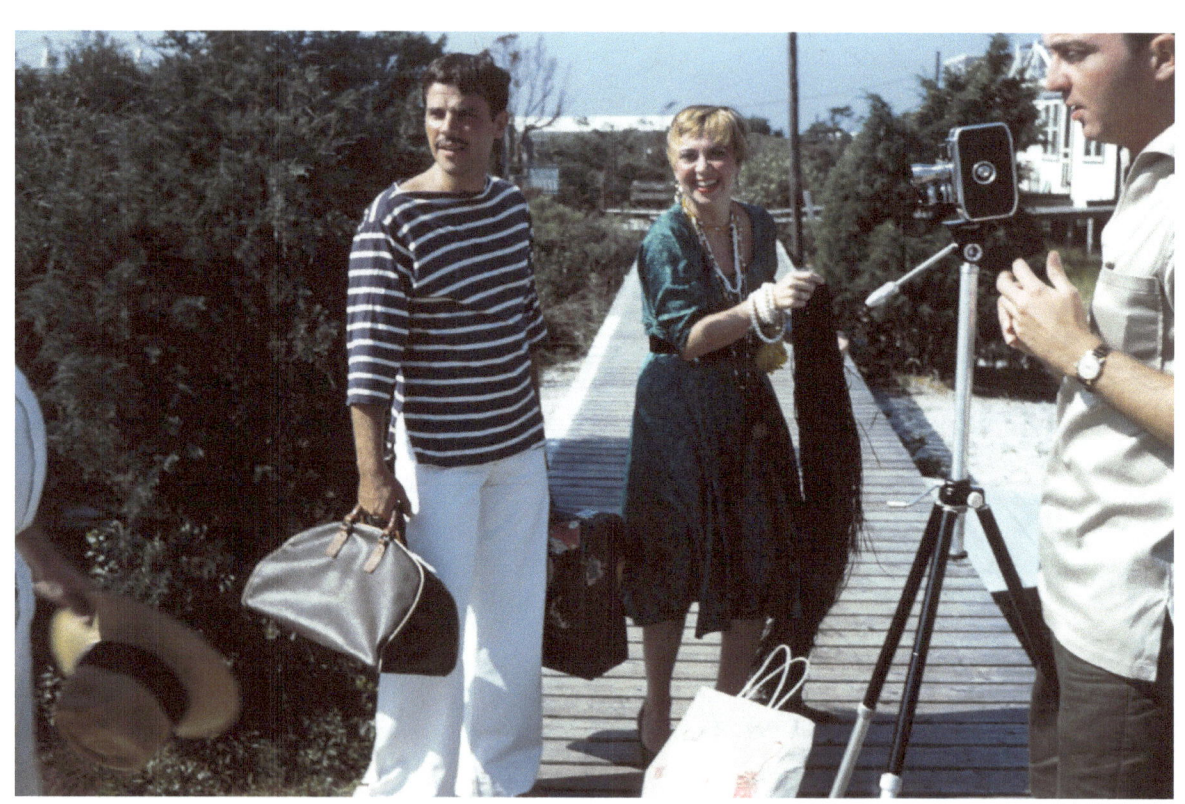

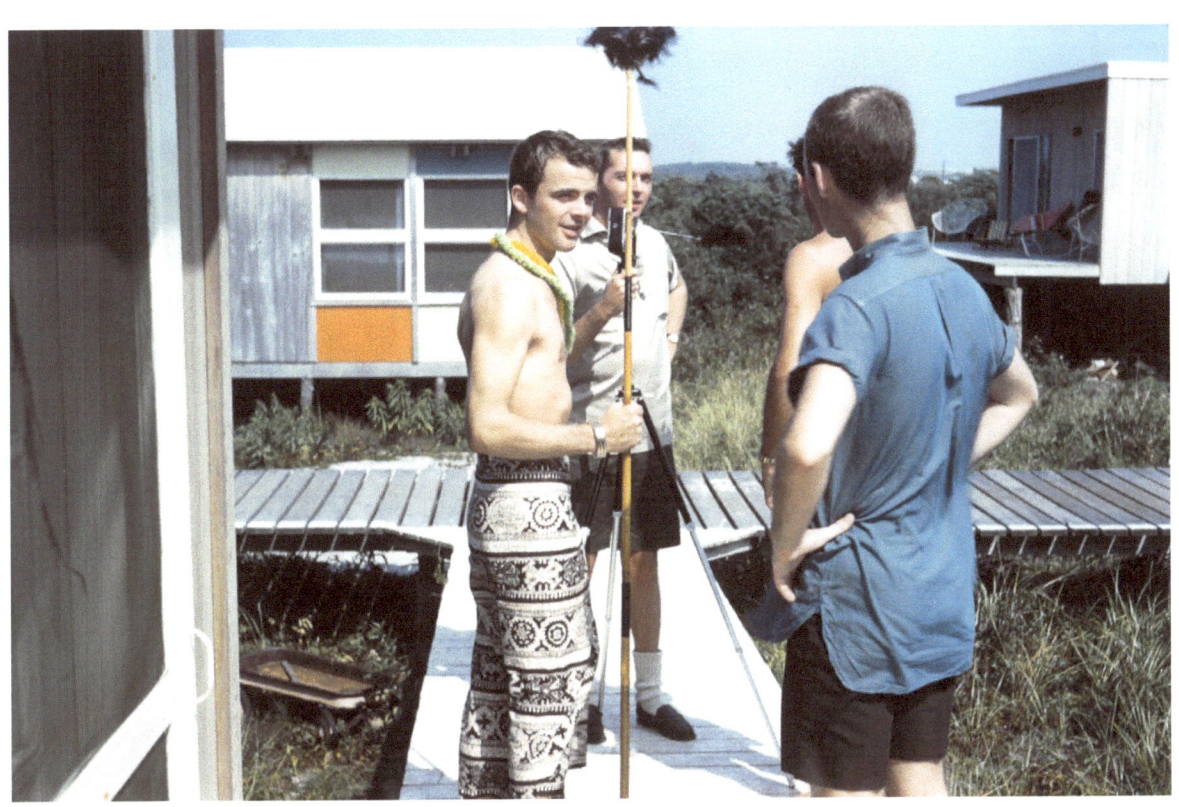

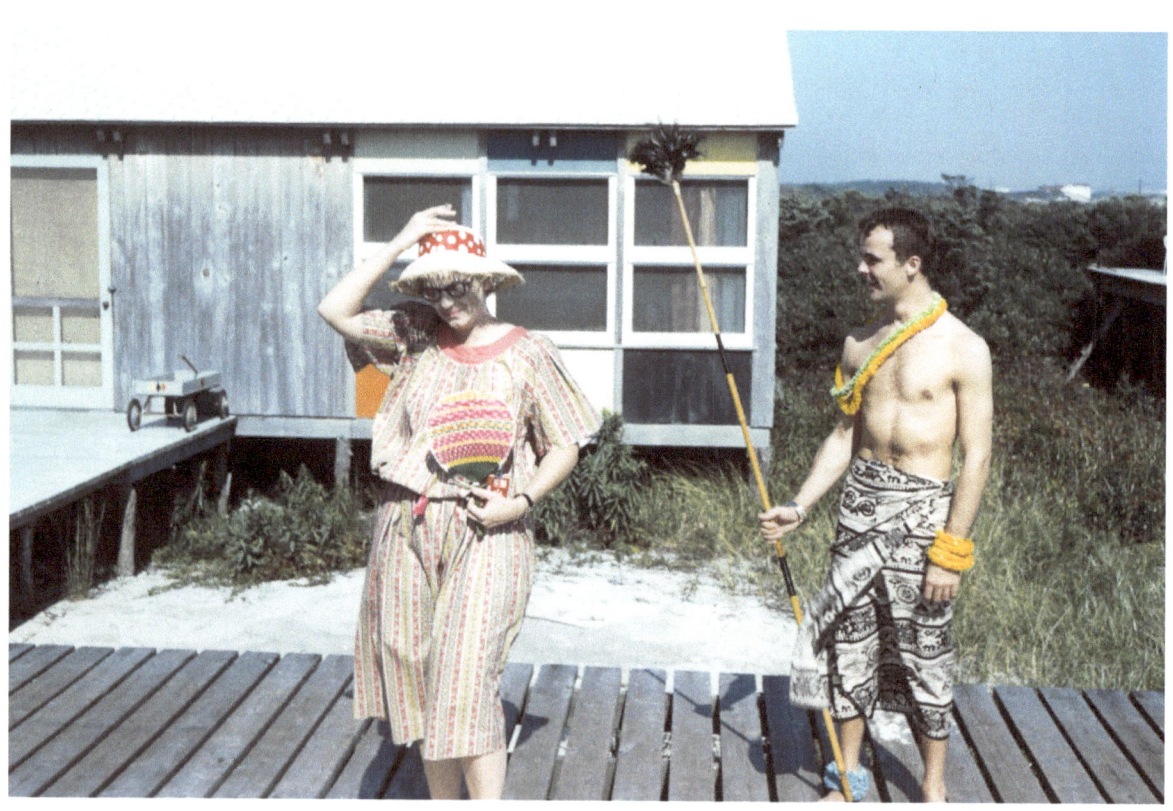

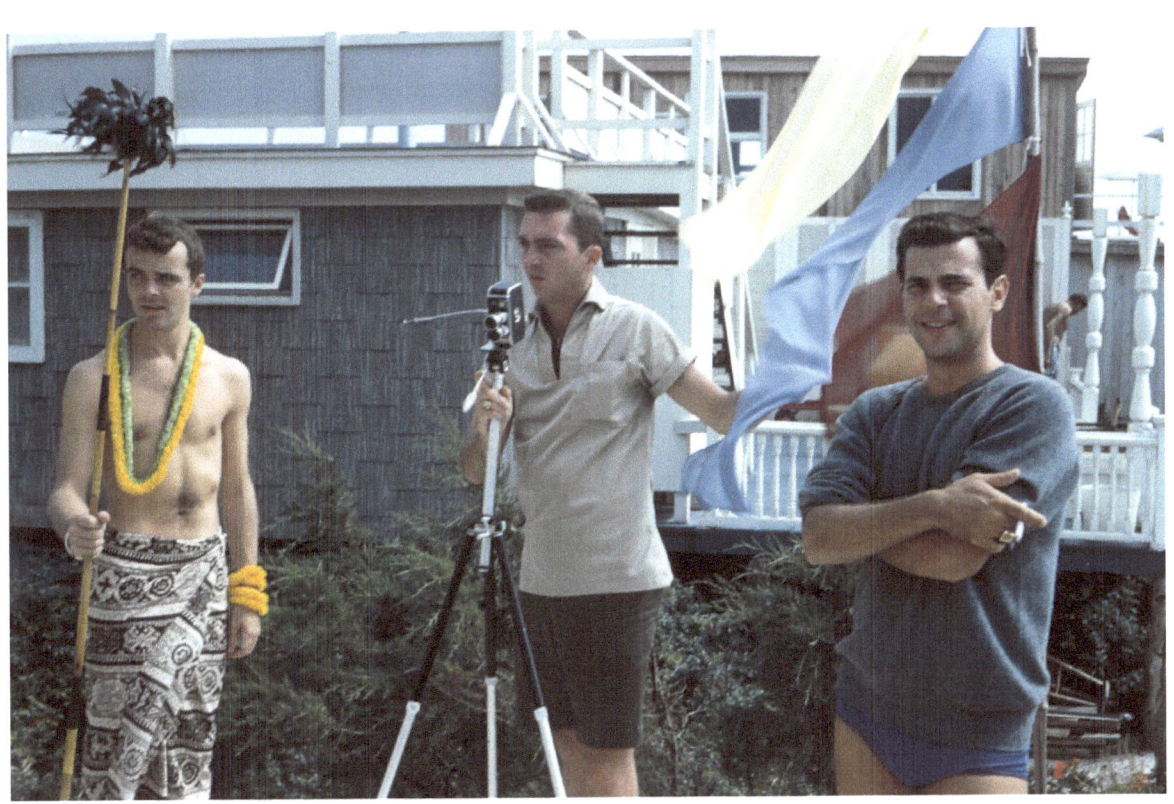

DIVINE
PRODUCTIONS
Cordially Invites You to Attend
THE WORLD PREMIERE
of

RAIN

Starring the Provocative

Gina Largaboobada

and a cast of thousands
in
GLORIOUS TECHNICOLOR

10 pm Sharp!

JAN. 31st APT. 11A

340 E. 74 ST.

À NEW YORK

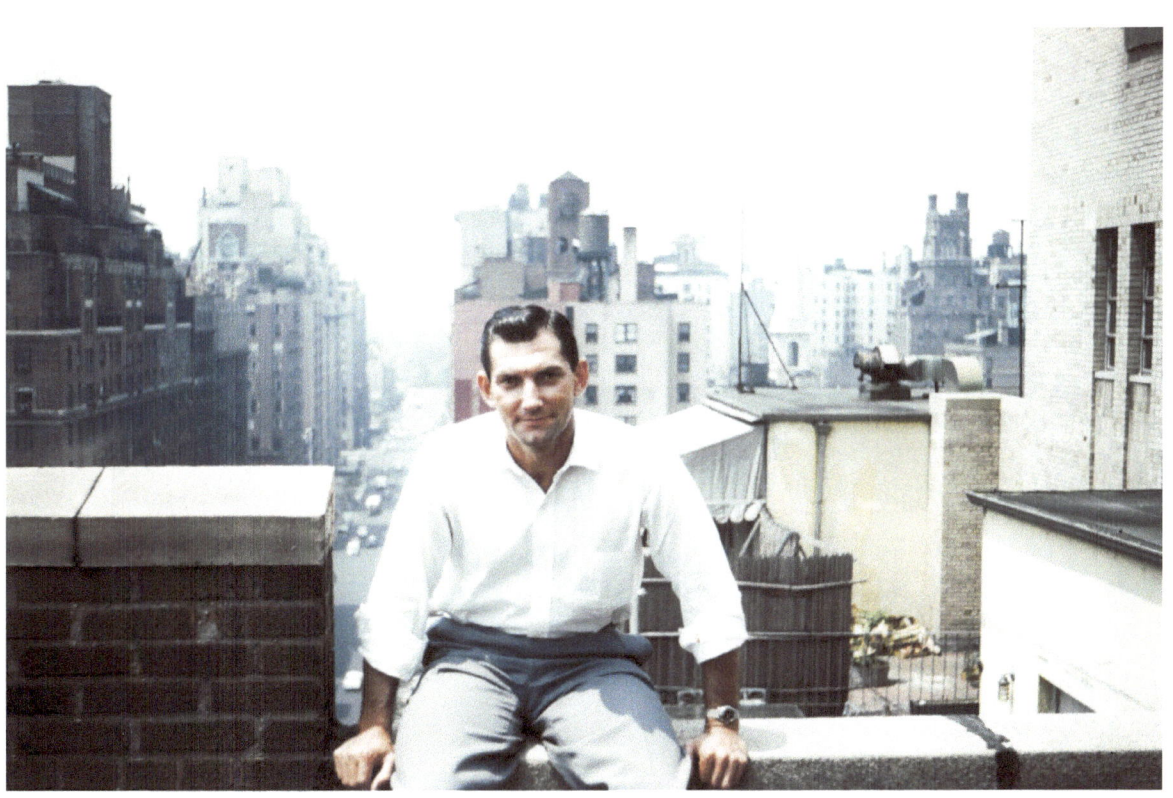

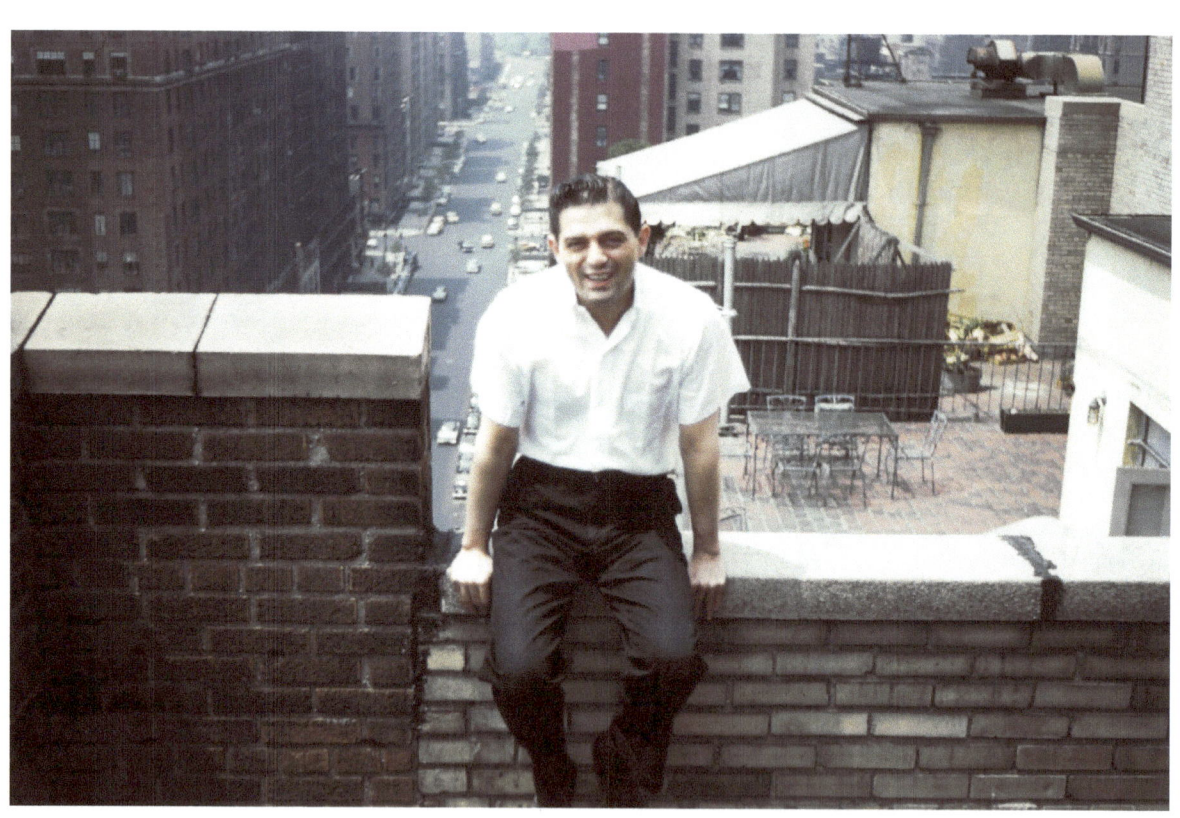

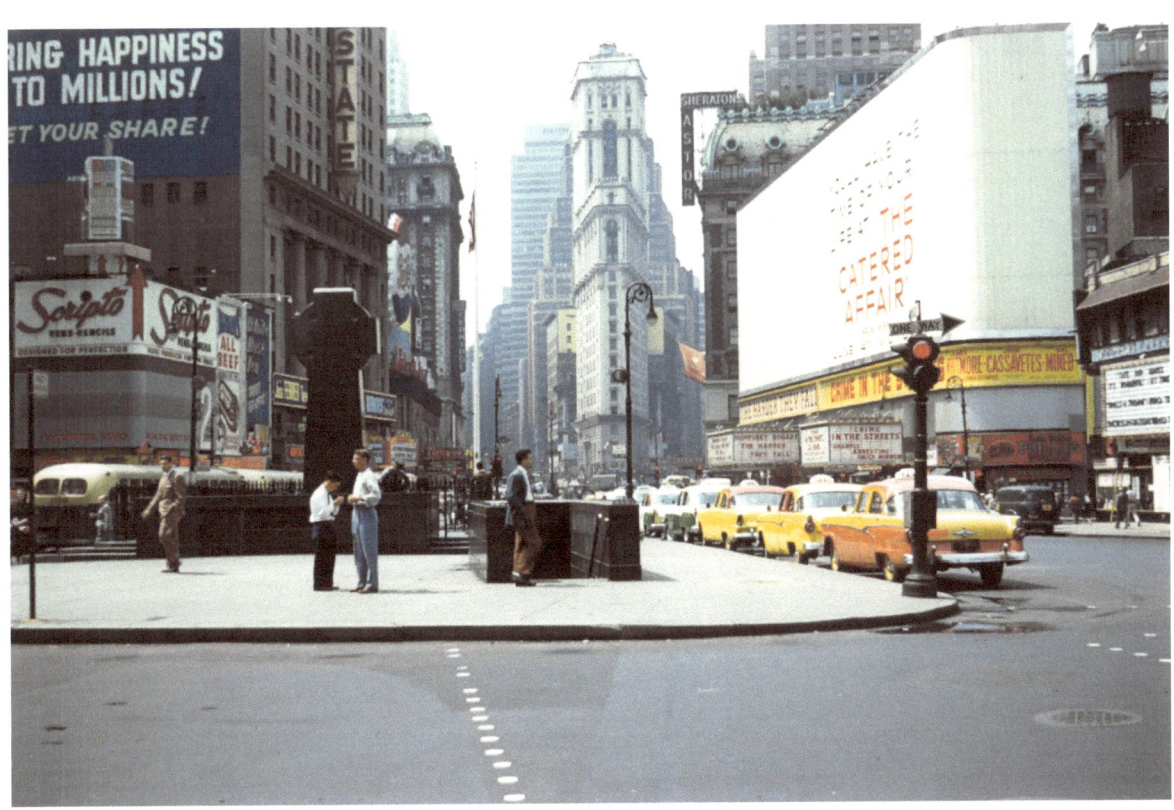

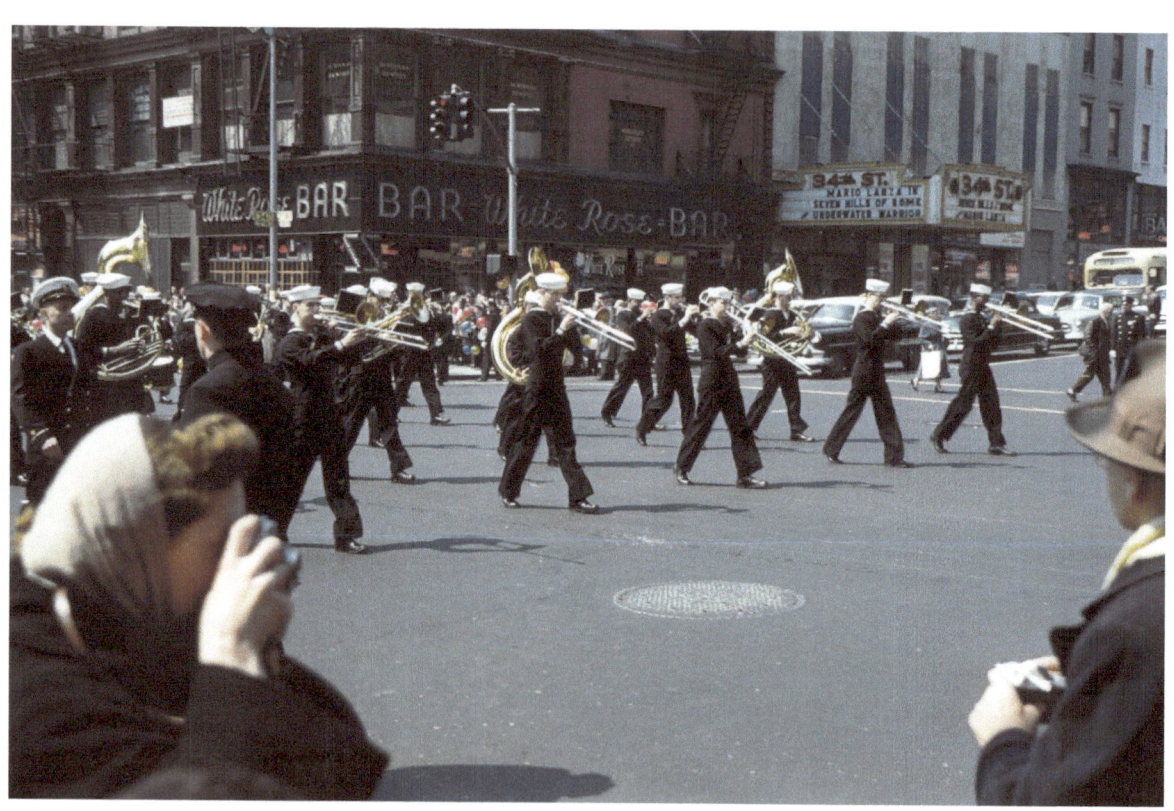

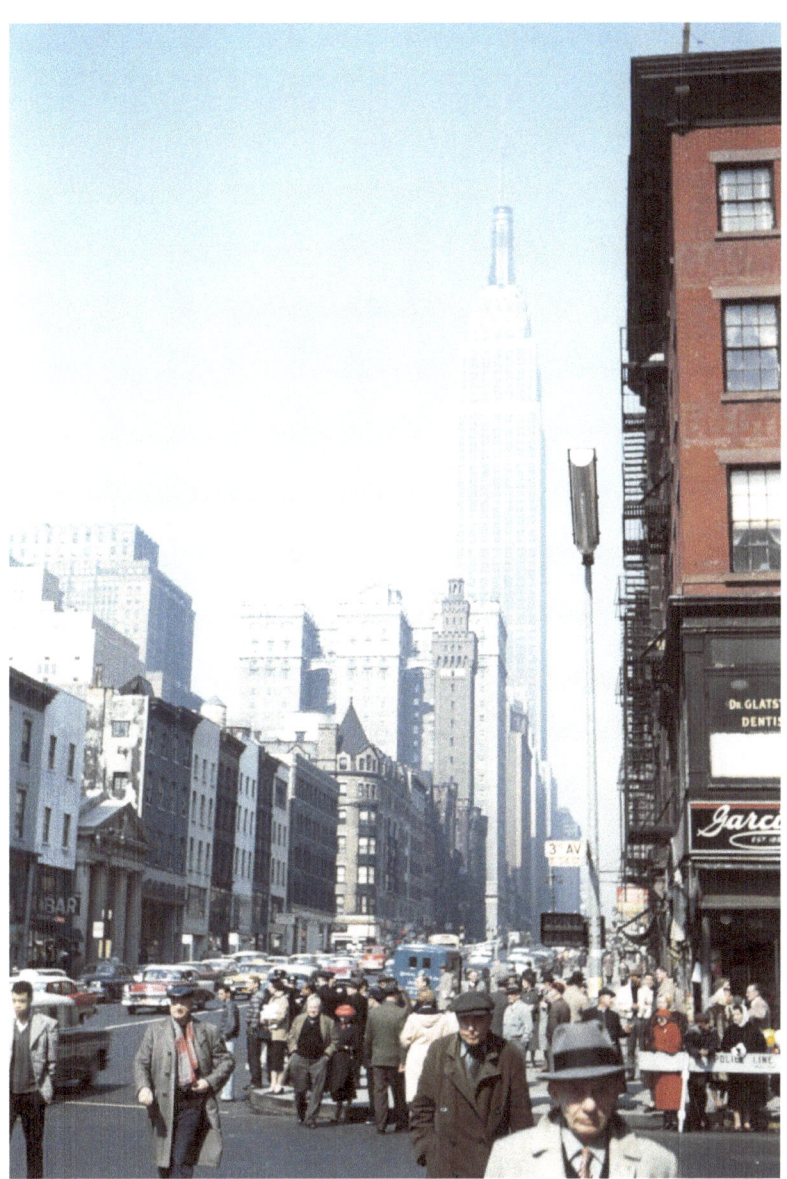

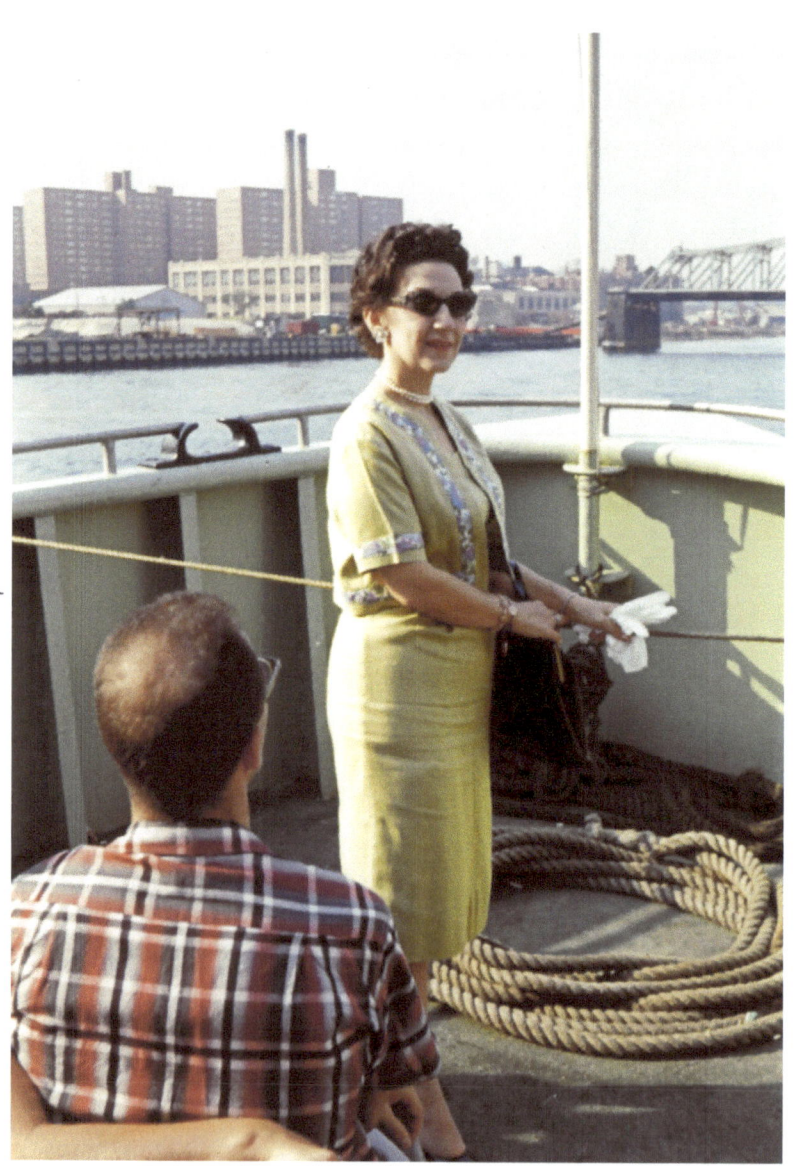

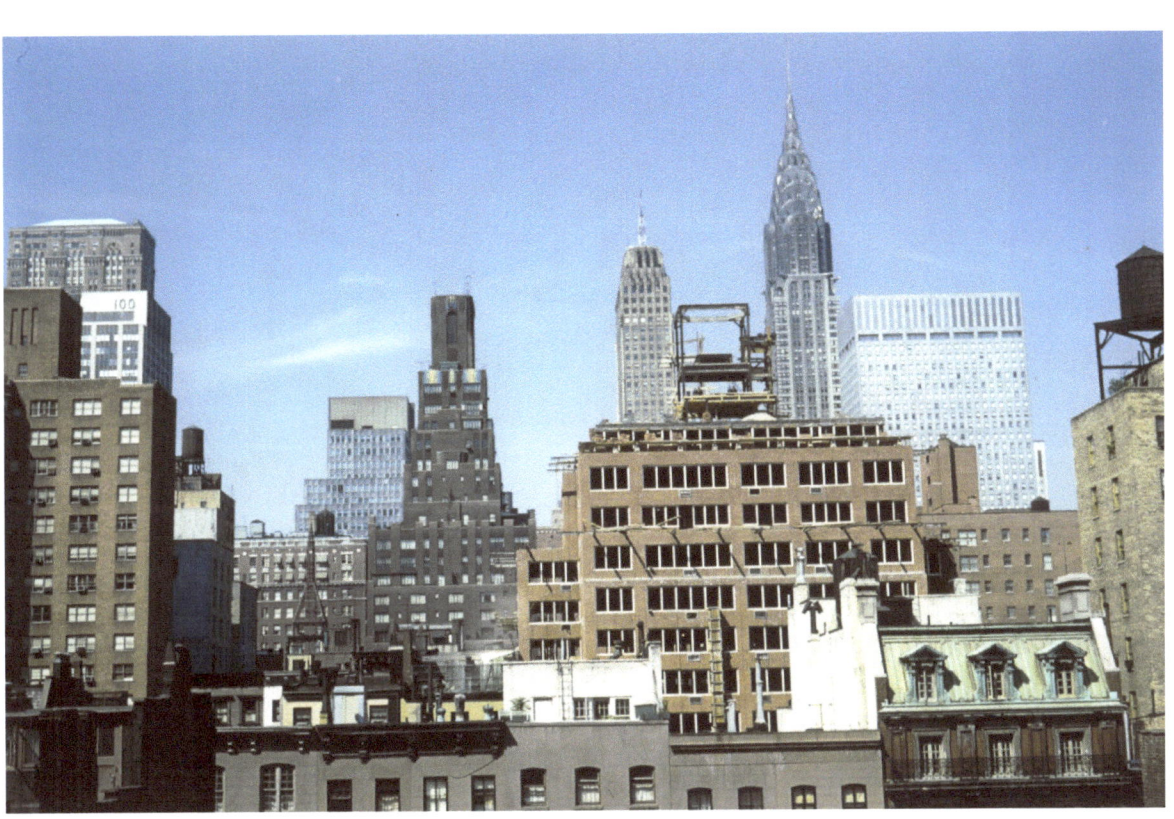

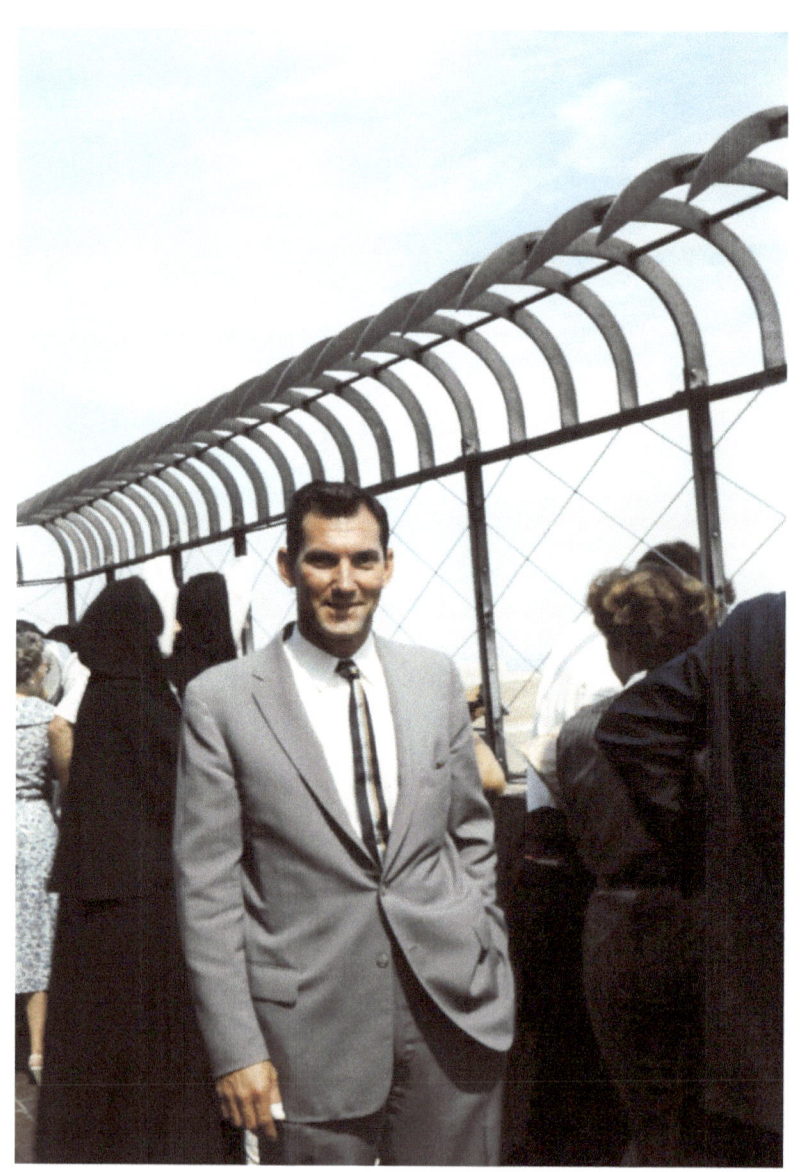

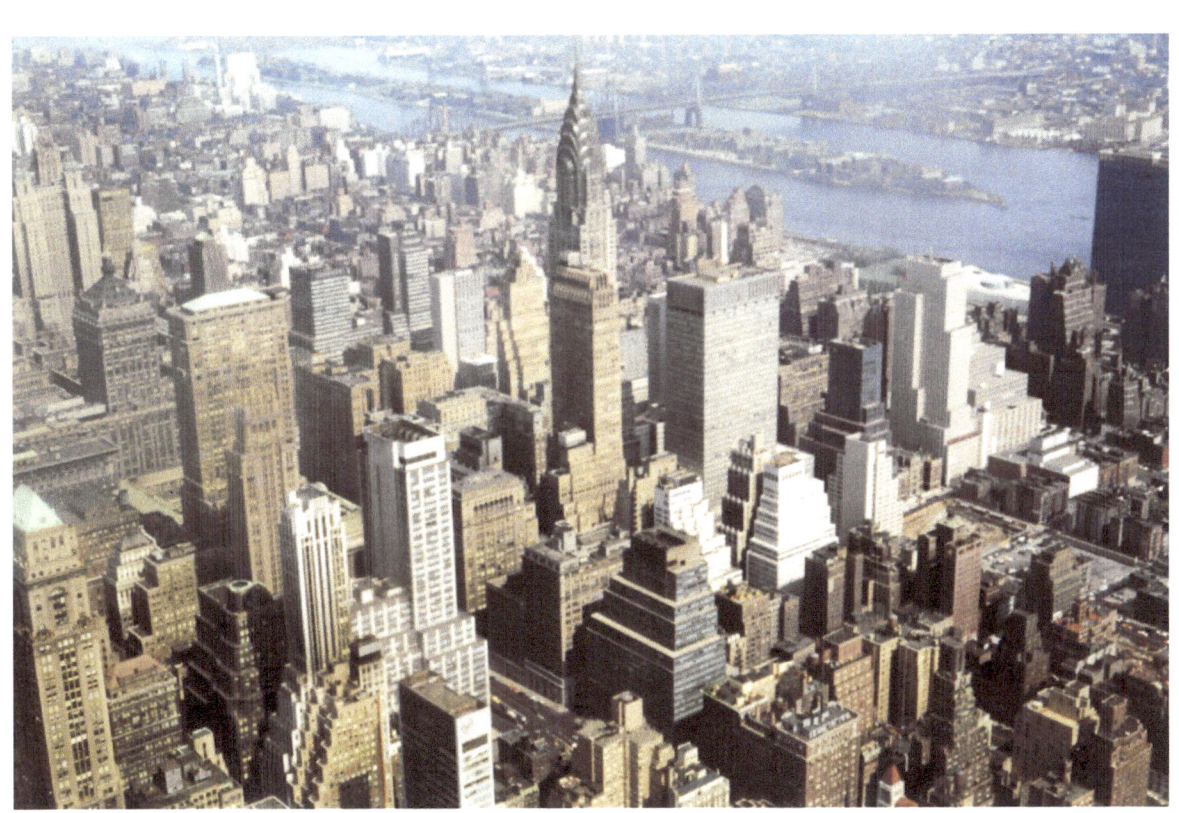

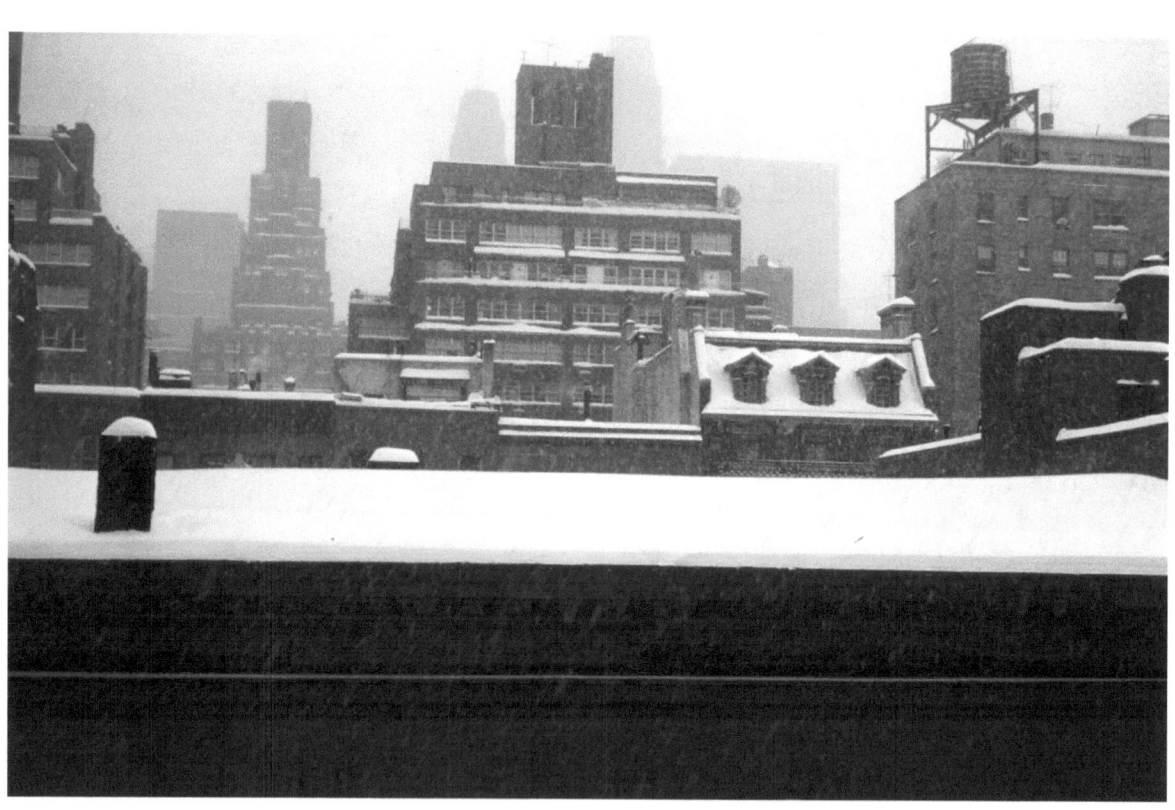

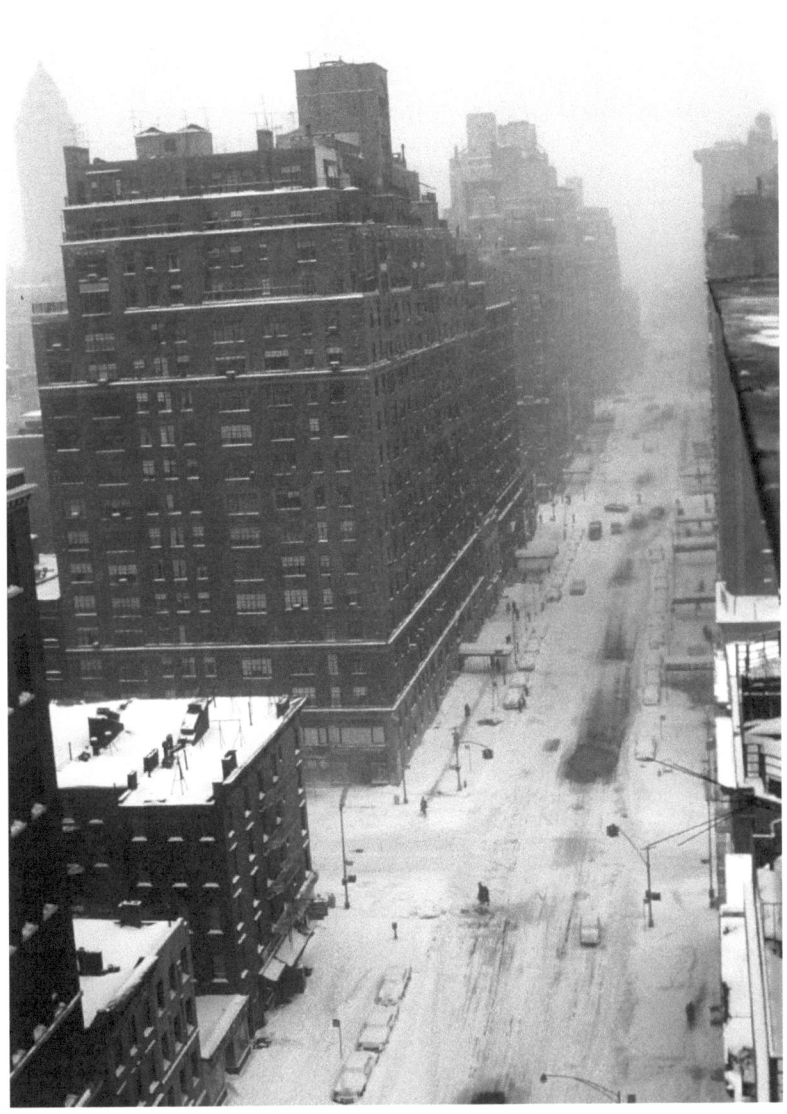

NOTES

Les bacs de diapositives de marque Yankee qui contenaient les images incluses dans cet ouvrage portent tous un étiquetage mentionnant clairement leur contenu. Toutefois, en raison de visionnages successifs effectués au cours des douze dernières années, quelques images ont été mélangées. Certaines des annotations qui suivent sont par conséquent purement spéculatives. Pour les aficionados du bord de mer new-yorkais, il sera facile de reconnaître quelles photos ont été prises sur Fire Island ou sur la côte du New Jersey. Il en va de même, respectivement, pour les clichés de Porto Rico et de St. Thomas. Je prie par avance le lecteur de bien vouloir m'excuser pour les imprécisions qui pourraient subsister, relatives au lieu ou à la date des clichés.

La datation des diapositives Kodachrome d'après leur cadre en carton, est un sujet copieusement traité sur le web, notamment sur le site historique d'archives photographiques administré par Thomas Robinson, de Portland (Oregon). Bon nombre de diapositives rassemblées ici sont montées sur des supports Kodachrome issus de la période 1955-1957, mais aucune date précise n'y est apposée. Seules quelques images offrent une indication claire de la date à laquelle les clichés ont été réalisés, par le biais d'indices tels que les vues des salles de cinéma.

S'il est incontestable qu'une photographie a été prise le Jour de l'an, c'est cette date qui est indiquée, plutôt que celle à laquelle la pellicule a été développée. Les diapositives dont je ne peux assurer avec certitude la date, portent une mention entre crochets.

R. D.

1   2   3   4   5   6   7   8   9

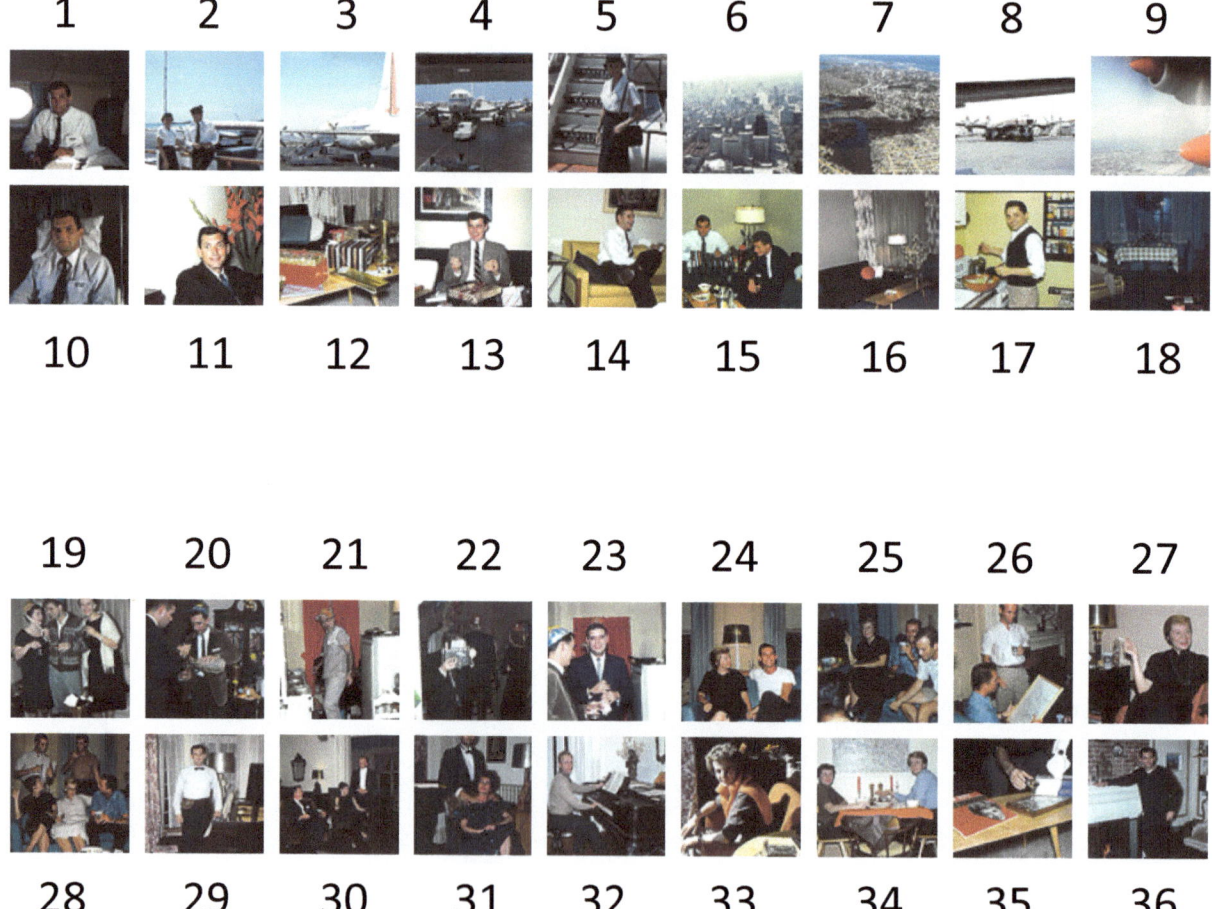

10   11   12   13   14   15   16   17   18

19   20   21   22   23   24   25   26   27

28   29   30   31   32   33   34   35   36

1. Sans date (s.d.). 2. Juin 1958. 3. Novembre 1959. 4. Juin 1958. 5. Juin 1958. 6. Mexico, janvier 1961. 7. San Juan, Porto Rico, s.d.. 8. s.d.. 9. Janvier 1961. 10. s.d.. 11. Mars 1958. 12.-18. s.d..

19.-23. New Year's Eve, 1960. 24.-28. Juin 1958. 29. Goshen (Connecticut), avril 1962. 30.-32. Goshen, décembre 1961. 33. Goshen, avril 1962. 34. Janvier 1961. 35. s.d.. 36. Décembre 1960.

37   38   39   40   41   42   43   44   45

46   47   48   49   50   51   52   53   54

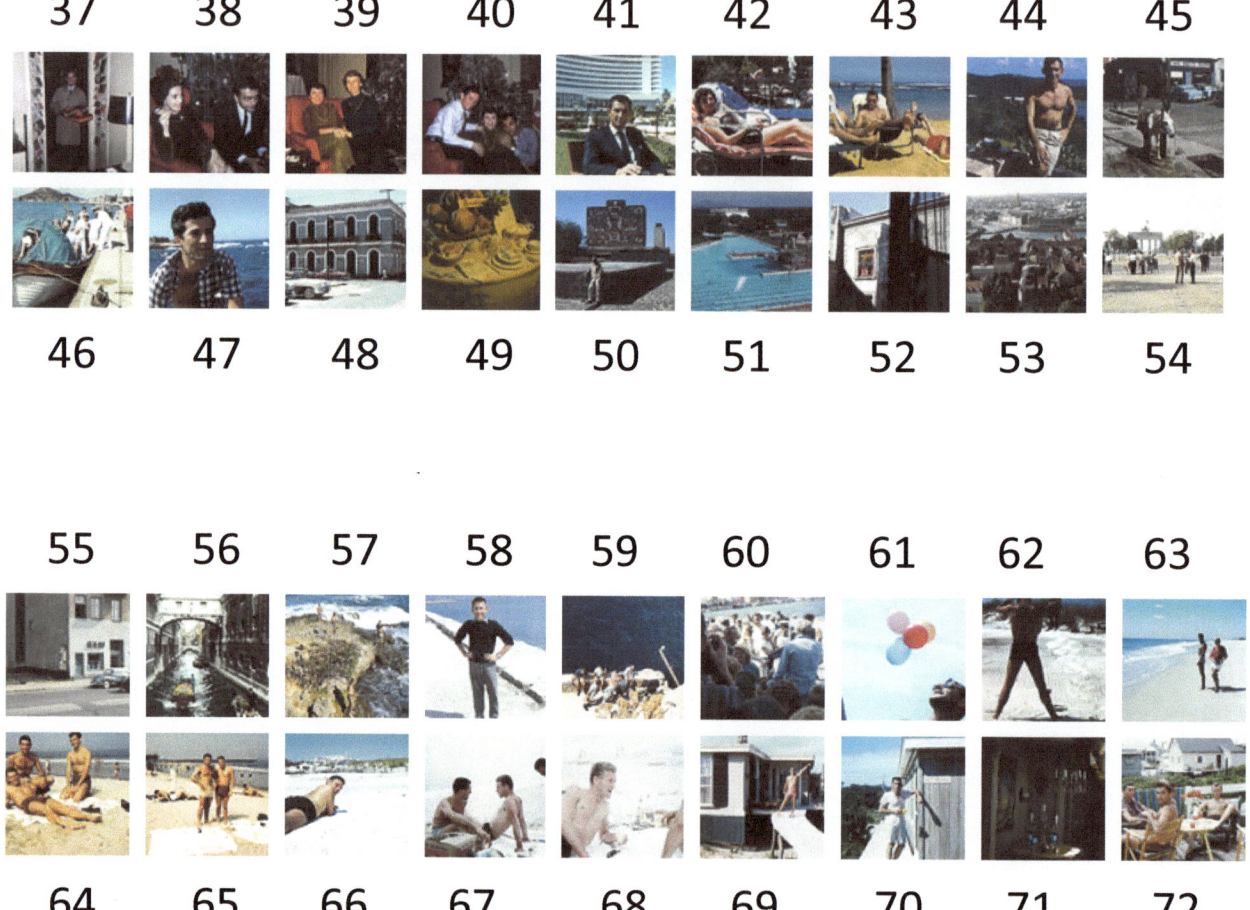

55   56   57   58   59   60   61   62   63

64   65   66   67   68   69   70   71   72

37.-40. Décembre 1965. 41. Miami, s.d.. 42. San Juan, s.d.. 43.-46. [St. Thomas], mars 1958. 47.-49. San Juan, s.d.. 50.-51. Mexico, novembre 1959. 52. Paris, octobre 1961. 53. Copenhague, Octobre 1961. 54. Berlin, 1961.

55. Berlin, Octobre 1961. 56. Venice, s.d.. 57. San Juan, s.d.. 58.-60. Hydra (Grèce), pendant le tournage de *Phaedra*, octobre 1961. 61. Juillet 1958. 62.-63. [1958]. 64.-68. s.d.. 69.-72. Fire Island, 1957 ou 1958.

73 74 75 76 77 78 79 80 81

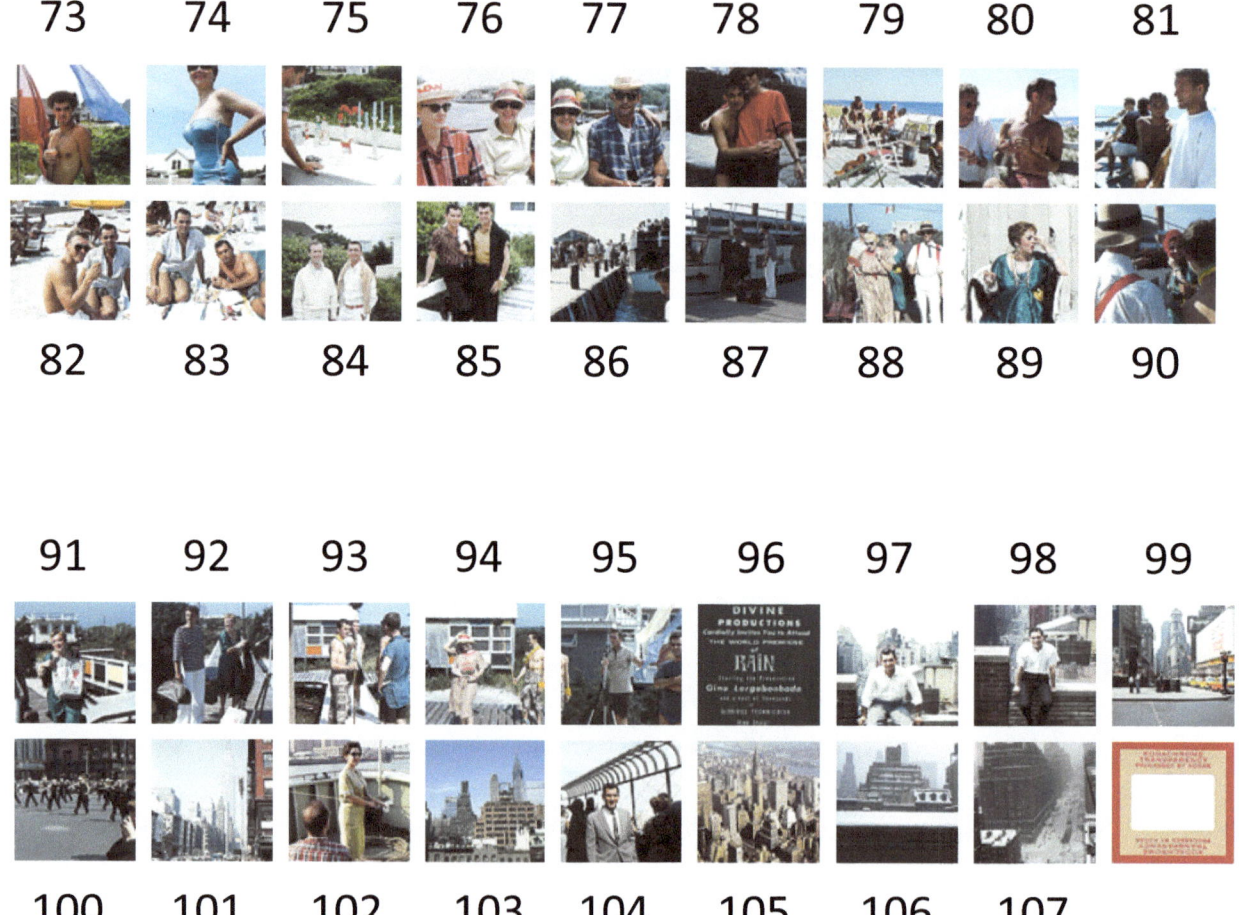

82 83 84 85 86 87 88 89 90

91 92 93 94 95 96 97 98 99

100 101 102 103 104 105 106 107

73.-77. Fire Island, 1957 ou 1958. 78. Juin 1958. 79.-83. s.d.. 84.-85. Fire Island [1958]. 87.90. Fire Island, 1958 ou 1959.

91.-96. 1958 ou 1959. 97.-98. s.d.. 99. Été 1956. 100.-101. 1958. 102.-105. s.d.. 106. Janvier 1961. 107. Mars 1958.

www.ingramcontent.com/pod-product-compliance
Lightning Source LLC
Chambersburg PA
CBHW050718180526
45159CB00003B/1069